新时代
高校思想政治教育"三全育人"研究

于洁 / 著

XINSHIDAI
GAOXIAO SIXIANG ZHENGZHI JIAOYU
"SANQUANYUREN" YANJIU

大连海事大学出版社
DALIAN MARITIME UNIVERSITY PRESS

ⓒ 于 洁 2025

图书在版编目(CIP)数据

新时代高校思想政治教育"三全育人"研究 / 于洁著. — 大连：大连海事大学出版社，2025.6. — ISBN 978-7-5632-4744-8

Ⅰ．G641

中国国家版本馆 CIP 数据核字第 2025YH5918 号

大连海事大学出版社出版

地址：大连市黄浦路523号 邮编：116026 电话：0411-84729665(营销部) 84729480(总编室)

http://press.dlmu.edu.cn E-mail:dmupress@dlmu.edu.cn

大连金华光彩色印刷有限公司印装	大连海事大学出版社发行
2025年6月第1版	2025年6月第1次印刷
幅面尺寸:170 mm×240 mm	印张:8.75
字数:147千	印数:1~500册

出版人:余锡荣

责任编辑:史云霞	责任校对:刘宝龙
封面设计:解瑶瑶	版式设计:解瑶瑶

ISBN 978-7-5632-4744-8 定价:26.00元

前　言

　　为深入贯彻落实党的二十大关于加快建设教育强国的战略部署和贯彻实施全国教育大会精神，2025年初中共中央、国务院印发了《教育强国建设规划纲要（2024—2035年）》（简称《纲要》）。《纲要》指出"到2027年，教育强国建设取得重要阶段性成效""到2035年，建成教育强国"[①]。为了达到这个目标，《纲要》在"塑造立德树人新格局，培养担当民族复兴大任的时代新人"部分第一条就明确指出要"加强和改进新时代学校思想政治教育"[②]。高校思想政治教育作为其中的重要组成部分理应发挥自身应有的作用并承担自身应有的使命。

　　为了到2027年时教育强国建设能够取得"重要阶段性成效"，让"人民群众教育获得感明显提升"[③]，高校思想政治教育早在十年前就开始谋划布局。2016年12月，习近平总书记在全国高校思想政治工作会议上首次提出"三全育人"概念，即全员、全过程、全方位育人。2017年12月，教育部党组发布《高校思想政治工作质量提升工程实施纲要》，提出要以"十大育人体系"推动"三全育人"发展；2018年5

---

①　新华社：《中共中央　国务院印发〈教育强国建设规划纲要（2024—2035年）〉》，https://www.gov.cn/zhengce/202501/content_6999914.htm，2025-01-19。
②　同上。
③　同上。

月 25 日,教育部办公厅发布《关于开展"三全育人"综合改革试点工作的通知》,开始在全国范围内选取 92 个试点院(系)、25 个试点高校和 8 个试点区,启动"三全育人"综合改革工程。在"三全育人"理念和路径的指引下,高校思想政治教育走上提质增效之路。

2025 年是"三全育人"提出和实施的第九年,经过九年的摸索、发展和检验,高校思想政治教育"三全育人"模式已初见成效,特别是在许多"双一流"院校中已经成功发掘出多重行之有效的操作路径。在这样的历史时刻,对多年实践探索的客观经验进行总结,归纳其中某些规律性的认识,具有重大的学术价值、历史价值和应用价值;另外,2025 年也是"十四五"规划收官之年和"十五五"规划开局之年,更是面向十年建成教育强国全面布局、高位推进之年,在这样的关键时刻,思索如何进一步推动高校思想政治教育"三全育人"向纵深发展,并使其在全面建成教育强国进程中发挥更大作用,便显得尤为迫切和必要。

作者作为思想政治理论课教师,多年来一直深入一线教育教学工作,见证高校思想政治教育近十年的发展,亲身参与推动高校思想政治教育"三全育人"的逐步完善。在教学实践的基础上,也曾对思想政治教育领域的前沿问题做过理性反思和理论研究,围绕"三全育人"领域,近三年主持过中央高校基本科研业务费资助项目"'课程思政'教学效果评价机制研究"(2022—2023 年);发表过教研类论文《以学生全面发展为导向,推进高校第二课堂教育改革创新》(《教育实践》2023 年第 11 期);为大学生讲授思想政治理论课的专题性课件入选"辽宁省高校思想政治理论课选择性必修课精品课件"(2024 年);并且,在为大学生讲授思想政治理论课时十分注重贯彻"三全育人"理念,积极推动教育教学改革,所授课程连续多年在学生评教环节中获得优秀等级,成长为深受学生喜爱的思政课教师。

作者结合自身教育实践过程中的观察体会和学术界已有的研究成果,围绕新时代高校思想政治教育"三全育人"问题展开研究。在第一章,分别详细阐释了新时代、高校思想政治教育和"三全育人"的丰富内涵,将研究对象的时空坐标、概念定义和基本特征梳理出来,以期明晰概念,深化认识。在第二章,分别从理论逻辑、历史逻辑和实践逻辑三个维度把握高校思想政治教育"三全育人"的生成逻辑,将其产生、发展的来龙去脉和逻辑必然揭示出来。在第三章,择取有利于落实高校立德树人根本任务、有利于推动高校思想政治理论课内涵式发展和有利于办好人民满意的教育三个角度,集中阐释了高校思想政治教育"三全育人"的重大意义,系统回答了"培养什么人、怎样培养人、为谁培养人"等问题。第四章是全书的难点:一方面回顾总结近十年来高校思想政治教育"三全育人"取得的成绩,集中体现在首轮入选试点院校(系)的"双一流"院校(系)在探索过程中形成的经验;另一方面深度反思我国现阶段高校思想政治教育在"全员"、"全过程"和"全方位"育人方面尚存在哪些问题,为未来进一步发展寻找突破口。第五章是全书的重点,也是全书的落脚点。针对第四章提出的我国高校思想政治教育领域"三全育人"仍然存在的问题,以"十大育人体系"为载体,充分发挥课程、科研、实践、文化、网络、心理、管理、服务、资助、组织等方面工作的育人功能,将"三全育人"理念落到实处,切实实现"三全育人"的路径优化。

本书期望通过对高校思想政治教育"三全育人"问题的全景透视,进一步澄明概念、把握问题、推动发展,为我国高校思想政治教育健康发展和教育强国建设贡献一份力量。

目 录

第一章 新时代高校思想政治教育"三全育人"的丰富内涵 　1
　一、新时代 　1
　　(一)新时代的科学内涵 　2
　　(二)新时代的本质特征 　6
　　(三)新时代的历史意义 　11
　二、高校思想政治教育 　13
　　(一)高校思想政治理论课的科学内涵 　14
　　(二)高校思想政治理论课的构成 　16
　　(三)高校思想政治教育的地位和作用 　17
　三、"三全育人" 　18
　　(一)"三全育人"的科学内涵 　19
　　(二)"三全育人"的基本特征 　21
　　(三)"三全育人"的动力结构 　22

第二章 新时代高校思想政治教育"三全育人"的生成逻辑 　25
　一、"三全育人"的理论逻辑 　25
　　(一)马克思恩格斯有关人的自由全面发展的思想 　26
　　(二)列宁的灌输理论 　29
　　(三)中国化马克思主义有关思想政治教育的理论 　31
　二、"三全育人"的历史逻辑 　34
　　(一)改革开放前三十年我国思想政治教育发展情况 　34

（二）改革开放后三十年我国思想政治教育发展情况　　36
　　（三）新时代以来我国思想政治教育发展情况　　38
　三、"三全育人"的实践逻辑　　41
　　（一）统筹"两个大局"亟需堪当大任的时代新人　　41
　　（二）意识形态安全给高校思想政治教育发展提出新的挑战　　42
　　（三）文化自信建设需要高校思想政治教育助力推动　　45

第三章　新时代高校思想政治教育"三全育人"的重要意义　　49
　一、有利于落实高校立德树人根本任务　　49
　　（一）立德树人的内涵　　50
　　（二）思想政治教育与立德树人的关系　　53
　　（三）"三全育人"有利于高校思想政治教育落实立德树人根本任务　　55
　二、有利于推动高校思想政治理论课内涵式发展　　57
　　（一）内涵式发展的内涵　　57
　　（二）高校思想政治理论课内涵式发展　　59
　　（三）"三全育人"助推高校思想政治理论课内涵式发展　　61
　三、有利于办好人民满意的教育　　65
　　（一）人民满意的教育的内涵　　65
　　（二）办好人民满意的教育的主要内容　　66
　　（三）"三全育人"为办好人民满意的教育添砖加瓦　　68

第四章　新时代高校思想政治教育"三全育人"的现实境况　　71
　一、新时代高校思想政治教育"三全育人"取得的成绩　　72
　　（一）育人队伍逐步壮大，专业化程度已有提高　　72
　　（二）育人过程受到重视，育人范围不断扩展　　74
　　（三）育人空间持续开拓，由点连线持续发展　　75
　二、新时代高校思想政治教育"三全育人"存在的问题　　77
　　（一）育人主体功能性、协同性程度有待进一步提高　　78
　　（二）育人过程贯通性程度有待进一步加强　　84
　　（三）育人空间开放性程度有待进一步拓展　　88

第五章　新时代高校思想政治教育"三全育人"的优化路径　93
- 一、抓住"主心骨",找到"三全育人"工作的中心和重点　93
  - (一)发挥课程育人功能　94
  - (二)发挥科研育人功能　97
- 二、找对"坐标系",做到课上课下、校内校外统筹协调　100
  - (一)开发实践育人功能　100
  - (二)开发网络育人功能　104
- 三、开启"发动机",激活教育对象内在学习动力　107
  - (一)重视心理育人功能　107
  - (二)重视文化育人功能　110
- 四、完善"后勤处",优化高校思想政治教育保障体系　113
  - (一)完善服务育人功能　113
  - (二)完善资助育人功能　116
- 五、用好"指挥棒",把牢"三全育人"方向和质量　118
  - (一)强化管理育人功能　119
  - (二)强化组织育人功能　121

参考文献　125

第一章
新时代高校思想政治教育"三全育人"的丰富内涵

高校思想政治教育作为党和国家意识形态建设的核心内容,使命在肩、意义重大。要想持续推动高校思想政治教育不断向前发展,必须在新的时代坐标中理解人类发展进程、中国社会发展进程和思想政治教育所面临的机遇与挑战,回答时代问题,回应理论关切;而"三全育人"为高校思想政治教育的提质增效提供理念和路径,聚集多方力量,打通各个环节,形成系统优势。要想更好地在新时代背景下推动高校思想政治教育"三全育人"进程,首要前提是在思想理论层面上搞懂弄清新时代、高校思想政治教育和"三全育人"的丰富内涵。

一、新时代

以习近平同志为核心的党中央经过深入研究,对中国特色社会主义作出了已经进入新时代的重大政治论断。这一论断历史意义重大、影响深远,为实现"两个一百年"的奋斗目标、推动实现中华民族伟大复兴的中国梦奠定坚实基础,也为我们分析研判我国思想政治教育的发展阶段、发展目标和发展路线提供重大的时代背景参照系。我们必须深刻理解并准确把握这一关键论断,以中国式现代化推动中华民族伟大复兴、教育强国建设以及高校思想政治教育发展。

(一)新时代的科学内涵

中国特色社会主义进入新时代,标志着中国特色社会主义事业取得了历史性成就,进入了新的发展阶段。党的十九大报告从"五个时代"的角度和层面,对新时代的科学内涵进行了深入阐述。

1. 这个新时代,"是承前启后、继往开来、在新的历史条件下继续夺取中国特色社会主义伟大胜利的时代"[①]。这个定位清晰界定了新时代的主题,鲜明回答了新时代要举什么旗、走什么路、朝什么目标奋勇前行的问题。

新时代要坚持和发展中国特色社会主义。中国特色社会主义是中国共产党领导中国人民长期探索、不懈奋斗的成果,它根植于中华大地,适应时代发展的要求,是历史和人民的选择。实践证明,坚持和发展中国特色社会主义,是实现中华民族伟大复兴的基础和关键。在新的历史起点上,要实现中华民族伟大复兴和"两个一百年"奋斗目标,必须坚定政治信仰、增强"四个自信",坚定不移地走中国特色社会主义道路。

习近平总书记指出,社会主义的发展是一个不断探索和创新的过程。要立足于新时代的发展前景,不断探索中国特色社会主义面临的新挑战和新问题,推动新时代坚持和发展中国特色社会主义。2016年,习近平总书记在哲学社会科学座谈会上提出了一系列在新形势下迫切需要解决的重大议题。制度事关党和国家事业发展的根本、全局、稳定与长期。加强制度建设是全面从严治党的长远之策、根本之策,要实现真正的社会稳定、国家长治久安,归根到底要依靠制度,依靠国家治理能力和治理水平的现代化。要将制度建设贯穿于党的各项建设之中,以党章为根本依据,切实体现党的意志主张,健全相关配套法规制度,把"完善和发展中国特色社会主义制度、推进国家治理体系和治理能力现代化"[②]作为全面深化改革的总目标。

2. 这个新时代,"是决胜全面建成小康社会、进而全面建设社会主义现代化强国的时代"[③]。这个定位清晰界定了新时代的历史使命,归根到底,是要实现全面建成小康社会、全面建设社会主义现代化强国。

[①] 习近平:《决胜全面建成小康社会 夺取新时代中国特色社会主义伟大胜利——在中国共产党第十九次全国代表大会上的报告》,《人民日报》,2017-10-28。
[②] 同上。
[③] 同上。

第一章　新时代高校思想政治教育"三全育人"的丰富内涵

就第一个百年奋斗目标而言,"小康"一词源于中国传统文化,邓小平同志创造性地使用"小康"来表述中国式现代化的内容。党的十六大提出"全面建设小康社会"的目标;党的十八大提出"确保到2020年实现全面建成小康社会宏伟目标";党的十九大报告提出"决胜全面建成小康社会"。党的十八大以来,以习近平同志为核心的党中央将全面建成小康社会作为"四个全面"战略布局的关键一环,并与"五位一体"总体布局协同推进。党的十九大报告进一步指出,到2020年,将进入全面建成小康社会的决战决胜时期。根据党的十九大的战略部署,这个阶段要坚决打赢三大攻坚战,确保全面建成小康社会经受得住历史的检验。2021年,习近平总书记宣布"我国脱贫攻坚战取得了全面胜利"①,全面建成小康社会,标志着中华民族伟大复兴的中国梦迈出了关键一步,兑现了中国共产党向人民作出的庄严承诺。

就第二个百年奋斗目标而言,中国共产党人坚定不移地致力于建设社会主义现代化强国。党的七届二中全会提出由落后的农业国变成先进的工业国;党的十一届三中全会将党的工作重点转移到社会主义现代化建设上来;党的十九大作出重大战略部署,开启全面建设社会主义现代化国家的新征程,并作出两个阶段的战略规划。在时间维度上,党和国家把基本实现现代化的时间从21世纪中叶提前至2035年;在目标要求上,把基本实现现代化提升为建成富强、民主、文明、和谐、美丽的社会主义现代化强国,实现由量的积累向质的飞跃。何为社会主义现代化强国?党的十九大报告对此作出深入阐述,把我国建成富强、民主、文明、和谐、美丽的社会主义现代化强国,五个要素缺一不可。具体来说,物质文明、精神文明协调发展,人民群众的生活质量和生活水平得到显著提升,人民群众对美好生活的向往得到满足,基本实现全体人民共同富裕,实现国家治理体系和治理能力现代化,我国的综合实力和国际影响力显著提升。

3. 这个新时代,"是全国各族人民团结奋斗、不断创造美好生活、逐步实现全体人民共同富裕的时代"②。这个定位深入阐释了新时代发展为了谁、依靠谁、发展成果由谁共享等问题。

首先,阐释了新时代发展为了谁的问题。人民性是马克思主义最鲜明的品格,人民立场是马克思主义政党的根本政治立场。习近平总书记明确指出,改善

---

① 习近平:《在全国脱贫攻坚总结表彰大会上的讲话》,《人民日报》,2021-02-26。
② 习近平:《决胜全面建成小康社会 夺取新时代中国特色社会主义伟大胜利——在中国共产党第十九次全国代表大会上的报告》,《人民日报》,2017-10-28。

人民的生活质量,并促进人的全面发展,是党领导人民全面建成小康社会,推进改革开放和社会主义现代化建设的最终目标。中国共产党人的初心和使命,就是为中国人民谋幸福,为中华民族谋复兴。中国共产党人矢志不渝地坚守初心,担负历史使命,始终将人民置于首位,把人民对美好生活的向往作为奋斗目标,推动发展成果更多惠及人民,不断推动实现全体人民共同富裕,不断把为人民造福事业推进向前。

其次,阐释了新时代发展依靠谁的问题。历史反复证明,人民群众是物质生产实践、科学文化实践的创造者。只有依靠人民,才能创造历史伟业,才能实现中华民族伟大复兴。习近平总书记指出,人民群众是历史发展和社会进步的主体力量。实践证明,我们党植根于人民,党的生命力和力量来源于人民,必须深深扎根人民、紧紧依靠人民。党的二十大报告在回顾总结过去五年成绩时强调,五年来取得的辉煌成就,既是中国共产党领导的直接结果,也是全党全国各族人民共同奋斗的成果。在新时代的征程中,我们党将继续坚持人民主体地位,深化改革开放,推动社会主义现代化建设,确保人民在共建共享发展中有更多获得感、幸福感、安全感,汇聚磅礴力量,共同书写中华民族伟大复兴的壮丽篇章。

最后,阐释了新时代发展成果由谁共享的问题。马克思和恩格斯指出,无产阶级的斗争是为了大多数人的利益而进行的独立运动。党的十八大以来,习近平总书记反复强调,社会主义的本质特征是消除贫困、提高人民生活水平和生活质量,并逐步实现共同富裕。发展成果由人民共享是新时代中国特色社会主义发展的重要目标。从全面打赢脱贫攻坚战,到全面建成小康社会,确保广大人民能够共享改革和发展的成果,本质上意味着要坚持以人民为中心的发展思想。中国共产党始终将人民置于首位,致力于实现共同富裕,增强人民群众的获得感、幸福感和安全感。

4. 这个新时代,"是全体中华儿女勠力同心、奋力实现中华民族伟大复兴中国梦的时代"①。这个定位勾勒了新时代的宏伟愿景,推动实现中华民族伟大复兴,既是中华民族最崇高的梦想,也是近代以来全体中华儿女共同的期盼。

新时代,中华民族伟大复兴正处于关键时期。经过全体中国共产党人的不懈努力、接续奋斗,中华民族迎来了历史发展机遇期,比历史上任何时期都接近于实现中华民族伟大复兴的中国梦,也更具备实现中华民族伟大复兴的信心与

---

① 习近平:《决胜全面建成小康社会 夺取新时代中国特色社会主义伟大胜利——在中国共产党第十九次全国代表大会上的报告》,《人民日报》,2017-10-28。

实力。但我们也清晰地认识到,实现中华民族伟大复兴,绝非易事,必然会面对各种挑战与阻碍。因此,全党必须做好充分准备,迎接更为艰巨和严峻的挑战。党的十八大以来,国内外形势变化多端,历史任务复杂多变,实现中华民族伟大复兴必然会遇到诸多难题,因此,必须始终做好准备,应对重大挑战、抵御重大风险、克服重大阻力、解决重大矛盾。

新时代,中国共产党面临着更为严峻和艰难的挑战。这些挑战不仅涉及国内环境的变化,还包括复杂的国际形势和全球治理的挑战。要持续深化改革开放,推动经济高质量发展,优化经济结构;同时,推进全面依法治国,维护社会公平正义,加强民族团结,促进社会和谐稳定;推动中华优秀传统文化创造性转化、创新性发展,提高国家文化软实力;着力保障和改善民生,提高人民生活水平,加强社会治理体系建设,推动社会全面进步。面对国际形势的复杂多变,要坚定维护国家主权、安全、发展利益,推动构建新型国际关系,加强国际合作,共同应对全球性挑战。新时代实现中华民族伟大复兴的任务艰巨而繁重,中国共产党要团结带领全党全国各族人民锐意进取、不懈奋斗,不断夺取全面建设社会主义现代化国家的胜利。

进入新时代,实现中华民族伟大复兴必须凝聚磅礴力量。习近平总书记在2013年3月17日的重要讲话中指出,实现中国梦必须坚持走中国道路,必须弘扬中国精神,必须凝聚中国力量。中国精神是中华民族赖以长久生存、发展的灵魂,中国力量是实现中华民族伟大复兴的力量源泉。中国梦不仅是国家和民族的梦想,也是每个中华儿女的梦想。中国梦的实现需要依靠人民的力量,需要全体中华儿女共同致力于实现中华民族伟大复兴。

5. 这个新时代,"是我国日益走近世界舞台中央、不断为人类作出更大贡献的时代"①。这个定位明确规定了新时代中国在国际社会中的地位及对人类社会所应作出的贡献。新时代中国与世界的关系经历了深刻且具有历史意义的转变,为新时代中国的发展带来了新的机遇与挑战。

伴随着我国在国际社会中的地位显著提升,我国的经济、科技、国防及综合国力得到空前提升,不仅反映在各种统计数据中,更体现在我国在国际事务中日益增强的影响力和话语权方面。我国致力于和平、发展、合作、共赢的外交政策,提出"一带一路"倡议,推动构建人类命运共同体,增强国际影响力,为全球和平

---

① 习近平:《决胜全面建成小康社会 夺取新时代中国特色社会主义伟大胜利——在中国共产党第十九次全国代表大会上的报告》,《人民日报》,2017-10-28。

与发展作出重要贡献。

在实现中国式现代化的进程中,发展机遇与挑战并存。习近平总书记深刻指出,我国正面临近代以来最为有利的发展机遇期,与此同时,世界正处于百年未有之大变局的关键时期,二者相互交织。当前,国际国内的形势变化多端,我国正处于重要的发展战略机遇期,进入了实现中华民族伟大复兴的关键阶段。我国积极参与处理国际事务,影响力日益增强。实践充分证明,中国的发展与世界紧密相连,世界的发展也需要中国的积极参与。改革开放以来,中国积极实施对外开放政策,实现经济高速增长。展望未来,要实现高质量发展,就必须以更加开放的胸怀对外敞开大门,在更开放的对外政策中稳步推进。

新时代,中国将积极履行国际义务和责任,推动构建人类命运共同体,在维护世界和平与发展中谋求自身发展,以自身发展更好地维护世界和平与发展。党的十八大以来,习近平总书记准确判断国际形势,提出人类命运共同体的理念,得到国际社会的广泛认同。中国坚持对外开放,形成全面开放的新格局,为世界经济提供动力,并将继续参与全球治理,促进互利合作,积极参与国际事务,应对全球挑战,为世界各国的发展贡献中国智慧和中国方案。

(二)新时代的本质特征

中国特色社会主义进入新时代,世界恰逢百年未有之大变局。站在新的历史起点上,要推进新时代中国特色社会主义发展,实现中华民族伟大复兴的中国梦,需深刻理解和准确把握新时代的本质特征,从多个维度进行全面思考。

1. 新时代体现了中国特色社会主义事业的继承发展

中国共产党成立一百多年来的发展,可以分为革命、建设和改革三个历史阶段,相继使用过"新时期""新阶段""新时代"等概念。党的十一届三中全会以后,我国进入改革开放和社会主义现代化建设新时期,停止"以阶级斗争为纲"的口号,将党的工作重心转移到社会主义现代化建设上来;邓小平南方谈话把改革开放和现代化建设推向新阶段,我国开始实现从计划经济到社会主义市场经济的伟大变革;党的十八大以来,我国社会主要矛盾、社会环境等都发生了深刻变化,以习近平同志为核心的党中央作出了新时代的科学论断。党的十八届三中全会开创了我国改革开放新局面。新时期、新阶段、新时代、新局面,是中国特色社会主义发展进程中的不同阶段,承载着不同的历史使命,但都致力于推动中国特色社会主义事业发展。从改革开放到社会主义市场经济体制的确立,再到全面深化改革,是党在理论和实践上的创新,反映了党对时代发展规律的深刻认识。

2. 新时代蕴含了马克思主义哲学的理性光芒

第一,新时代的认识符合人类社会发展进步的基本规律。社会发展的规律具有客观必然性,主要指社会形态交替的规律是客观的,人类社会并非处于静止状态,而是处于不断的运动、变化、发展过程中。社会发展的基本趋势是前进和上升的,并处于从低级向高级过渡的过程中。我们要持续推进中国特色社会主义发展,但也要看到我国的基本国情没有改变,仍然处于并将长期处于社会主义初级阶段。新时代,党领导全党全国各族人民站在新的历史起点上,推进中国特色社会主义伟大事业不断向前发展。

第二,新时代的认识符合生产力与生产关系的辩证统一。生产力决定生产关系,社会的基本矛盾是生产力与生产关系之间的矛盾。"中国特色社会主义进入新时代,我国社会主要矛盾已经转化为人民日益增长的美好生活需要和不平衡不充分的发展之间的矛盾。"①不同的历史时期,社会的基本矛盾不同。在新的历史发展时期,我国社会的主要矛盾发生改变,反映了我国社会发展的新阶段和人民的新期待。新时代,我国生产力水平不断提高,生产关系不断改善,人民的美好生活需要不断得到满足,在全面建成小康社会的基础上,我们要把我国建成富强、民主、文明、和谐、美丽的社会主义现代化强国。

第三,新时代的认识符合人民自由全面发展的目标和人民主体地位的要求。人民群众是历史的主体,是社会物质财富和精神财富的创造者,是社会变革的决定力量。社会领域的历史活动,即构成人们的社会生活过程、推动人类社会向前发展的一切活动都是人民群众智慧的结晶,渗透着人民群众的影响与作用。生产力与生产关系、经济基础与上层建筑,归根到底都是人民群众实践的产物。人民是党执政最深厚、最可靠的根基。"真挚的为民情怀、鲜明的人民立场,成为习近平新时代中国特色社会主义思想的一个鲜明特色。"②新时代,我们党坚持人民立场,把人民对美好生活的向往作为一切工作的出发点和落脚点,不忘初心、牢记使命,坚持发展为了人民、发展依靠人民、发展成果由人民共享,不断开

---

① 习近平:《决胜全面建成小康社会 夺取新时代中国特色社会主义伟大胜利——在中国共产党第十九次全国代表大会上的报告》,《人民日报》,2017-10-28。
② 陈理:《深刻理解新时代的依据、内涵和意义》,《党的文献》,2019年第3期,第10页。

创中国特色社会主义事业新局面。

第四,新时代的认识符合社会意识对社会存在的能动作用。社会意识反映社会存在,正确的社会意识对社会存在具有积极的促进作用。意识的能动作用是通过实践实现的,实践、认识、再实践、再认识,是认识的发展规律,也是意识能动作用由低级向高级发展的必然过程。实现中华民族伟大复兴的中国梦,是近代以来全体中华儿女共同的梦想,是一种社会意识,能够推动中国特色社会主义伟大事业发展。新时代,中国共产党带领全党全国各族人民勇往直前、不懈奋斗,致力于实现中华民族伟大复兴的中国梦,要坚持以习近平新时代中国特色社会主义思想为指导,坚持社会主义意识形态,弘扬社会主义核心价值观。

第五,新时代的认识符合无产阶级政党崇高的价值追求。无产阶级只有解放全人类,才能最终解放自己。实现共产主义是中国共产党的最高理想和最终目标。中国共产党自诞生以来,就担负着双重责任,即实现共产主义远大理想和实现中华民族伟大复兴。新时代,世界各国间联系日益紧密,中国积极参与全球治理,提出构建人类命运共同体的理念,倡导多边主义,推动构建新型国际关系,彰显了负责任大国的责任与担当。

3. 新时代彰显了党和国家各项事业的高质量发展

新时代的"新",体现在哪里?最显著、最具代表性的是高质量发展。高质量发展是中国经济进入新时代的鲜明特征,从高速增长到注重质量、效益、公平,高质量发展要求从量的扩张转向质的提升,且这不仅是经济领域的要求,更是对社会发展各个方面的总要求。实践证明,高质量发展已经拓展到党和国家的各项事业中。

第一,新时代高质量发展关键在于全面加强党的领导。中国共产党是领导中国特色社会主义事业的核心力量,中国人民和中华民族之所以能够扭转近代以来的历史命运、取得今天的伟大成就,最根本的原因是有中国共产党的坚强领导。坚持党的领导,是历史发展进程中经得住实践检验的必然结果。在新时代的征程中,加强党的领导,是实现高质量发展的核心与关键。党的十八大以来,以习近平同志为核心的党中央,矢志不渝地坚持党的全面领导,发挥党总揽全局、协调各方的领导核心作用,把党的领导贯穿社会主义现代化建设的全过程。

第二,新时代高质量发展在于经济社会全方位发展。新时代标志着中国特色社会主义发展进入了新阶段,是在由量的扩张转向质的提升中推进中国特色社会主义。高质量发展,是经济转型升级的必然选择,也是实现社会全面进步和提升人民福祉的必由之路。高质量发展要求加快转变经济发展方式,推动产业结构转型升级,实现经济可持续发展;高质量发展强调创新驱动,通过科技创新、技术改造等方式,提高经济发展的质量和效益;高质量发展坚持生态优先、绿色发展的理念,推动资源循环利用,实现社会的可持续发展。党的十八大以来,党和国家全面贯彻新发展理念,统筹推进"五位一体"总体布局,协调推进"四个全面"战略布局,推进供给侧结构性改革,完善社会主义市场经济体制,促进经济社会持续健康发展,防范化解各类风险,提升国家的国际竞争力,改善民生福祉,不断增强人民群众的幸福感、认同感。

第三,新时代高质量发展体现国家治理体系、治理能力的现代化。高质量发展,是新时代的"新",也是国家治理体系、治理能力的现代化。党的十八大以来,以习近平同志为核心的党中央,站在新时代的历史起点上,立足于国际发展形势和国内发展全局,从顶层设计谋划部署国家治理体系和治理能力现代化,致力于构建系统完备、科学规范、运行有效的制度体系,为推进新时代中国特色社会主义提供了重要保障。

第四,新时代高质量发展促进文化自信不断增强。文化是一个国家和民族的灵魂。中华民族是世界上唯一一个经过历史长河洗礼而未断绝的民族,靠的就是文化。中华民族因文化而立,也因文化而兴。中国特色社会主义进入新时代,文化发挥着独特的作用。党的十八大以来,我们坚定不移地走中国特色社会主义文化发展道路,继承传统、立足当代、面向未来,借鉴世界各国有益文化成果,推动社会主义文化繁荣发展。新时代,中国正以更加开放和自信的姿态,走向世界舞台的中央。坚定文化自信,不仅是实现中国式现代化的需要,也是为全球文化多样性与人类社会进步作出重要贡献。

4. 新时代标志着中华人民共和国和中华民族发展达到新的历史高度

第一,新时代标志着中华人民共和国发展达到新的历史高度。中国共产党领导人民浴血奋战、百折不挠,创造了新民主主义革命的伟大成就。中华人民共和国成立,标志着中华民族实现了从积贫积弱到站起来的伟大飞跃。1978年改革开放,实现了从站起来到富起来的伟大飞跃。党的十八大以来,国家发展越来越好。从经济的快速增长到科技的突飞猛进,从文化的繁荣兴盛到社会的发展进步,整个国家的经济、科技、文化、社会、生态等都发生了深刻变革,中华民族实现了从站起来、富起来到强起来的伟大飞跃。

第二,新时代是中华民族发展史上的重要历史节点。泱泱大国,历久弥新。

中华民族历经五千年的兴衰更迭,创造出博大精深、源远流长的中华文明。1921年,中国共产党诞生,带领中国人民浴血奋战,建立了中华人民共和国,彻底改变了中华民族的命运。进入新的历史发展阶段,国家的发展呈现出前所未有的繁荣昌盛,社会秩序稳定,人民安居乐业。经过不懈的努力,中国特色社会主义已经进入新的历史阶段,中华民族迎来了发展机遇期,比历史上任何时期都更接近于实现中华民族伟大复兴的中国梦。

第三,新时代彰显了社会主义顽强的生命力。20世纪90年代初,许多人纷纷预言,社会主义将接连倒下。然而,当今中国特色社会主义依然屹立不倒,并且展现出强劲的生命力和广阔的发展前景,得益于中国共产党的正确领导,得益于坚定不移地走中国特色社会主义道路。党的十八大以来,我们党毫不动摇地坚持和发展中国特色社会主义,以习近平新时代中国特色社会主义思想为指导,开辟科学社会主义发展的新境界。中国特色社会主义迈入新的历史时期,是世界社会主义运动的一次伟大复兴,充分表明了马克思主义在21世纪的强大生命力,彰显了社会主义制度的优越性,为世界各国追求社会公正与进步的人民提供了新的选择和希望。

第四,新时代为人类社会发展提供了全新的可能性。在历史发展的进程中,无数文明兴衰更迭,每一种文明都在试图寻找适合自身的发展道路,世界上也不存在一种普适性的发展路径和发展模式,各国所作出的选择是基于对本国历史条件的深刻理解。中国特色社会主义是党和人民历经千辛万苦、付出巨大代价取得的根本成就,是实现中华民族伟大复兴的必然选择。中国特色社会主义进入新时代,有力地证明了实现现代化并非只有模仿西方发展模式这一条道路。实践充分证明,中国特色社会主义进入新时代,丰富了世界文明的多样性,也为解决全球性问题贡献了中国智慧和中国方案。

5. 新时代彰显了中国共产党勇于自我革命的政治自觉

坚持中国共产党的领导,是党和国家的根本所在、命脉所在。新时代,推动发展中国特色社会主义,必须毫不动摇地坚持中国共产党的领导。为适应新时代的发展要求,中国共产党要不断进行自我革命,凝聚起实现中华民族伟大复兴的磅礴力量,战胜前进道路上的一切困难、风险与挑战,引领中华民族在新时代扬帆起航,成功抵达伟大事业的彼岸。

第一,新时代理论创新成果丰硕。马克思主义是我们立党立国、兴党强国的根本指导思想。马克思主义理论不是教条而是行动指南,必须随着实践发展而发展,必须推进中国化时代化才能落地生根、深入人心。中国共产党自成立以来,始终与时俱进,坚持将马克思主义基本原理与中国具体实际相结合、同中华优秀传统文化相结合,不断推进马克思主义中国化时代化,先后孕育了毛泽东思想、邓小平理论、"三个代表"重要思想、科学发展观,为中国特色社会主义的发展提供了理论指导和行动指南。党的十八大以来,创立了习近平新时代中国特色社会主义思想,是当代中国马克思主义,也是党必须长期坚持的指导思想,对实现中华民族伟大复兴的中国梦意义重大、影响深远。

第二,新时代政治导向旗帜鲜明。习近平总书记曾多次强调党的政治建设是党的根本性建设。党的十八大以来,我们党坚定不移地把加强党的政治建设作为自我革命的关键环节;党的十九大,第一次把党的政治建设纳入党的建设总体布局,并强调"以党的政治建设为统领",把党的政治建设摆在首位。新时代,加强党的建设,是实现国家长治久安的根本保障,是续写时代新篇章的基础。要加强党的政治建设,严明政治纪律,确保全党在思想、政治、行动上同党中央保持高度一致。

第三,新时代思想建党深入人心。党的十八大以来,以学史明理、学史增信、学史崇德、学史力行为要求,加强党员的思想建设,以学习党史、新中国史、改革开放史、社会主义发展史为内容,深入开展社会主义核心价值观教育,全面开展党员的党内集中教育,牢固理想信念,坚定政治立场。新时代,面对"四大考验""四种危险",要充分发挥思想建设正本清源、立根固本、凝心聚力的作用,确保党始终保持先进性和纯洁性,引领中国特色社会主义伟大事业不断向前发展。

第四,新时代正风肃纪反腐行动保持常态化。腐败是党长期执政的最大威胁,反腐败斗争是必须胜利的重大政治斗争。党的十八大以来,我们党以制定和严格执行中央八项规定开局破题,坚定不移推进全面从严治党,持续不断地整治形式主义、官僚主义、享乐主义和奢靡之风,以确保党的纯洁性和先进性。我们党始终把纪律和规矩挺在前面,严厉打击腐败,坚决惩治邪恶势力,在反腐败斗争中取得压倒性胜利,确保党和人民赋予的权力始终用来为人民谋幸福。正风肃纪反腐败行动要保持常态化,全面从严治党的道路永无止境。

(三)新时代的历史意义

习近平总书记在党的十九大报告中,用"三个意味着"对中国特色社会主义进入新时代的重大意义进行了集中概括。这一重要论断,为我们深刻理解、准确把握中国特色社会主义进入新时代的重大意义,指明了正确方向。

第一,中国特色社会主义进入新时代,"意味着近代以来久经磨难的中华民族迎来了从站起来、富起来到强起来的伟大飞跃,迎来了实现中华民族伟大复兴的光明前景"①,揭示了中华民族在历经沧桑后所取得的巨大成就,从过去的积贫积弱走向如今的繁荣富强。

1921年,中国共产党正式成立。从那时起,中国共产党便致力于将马克思主义基本原理与中国具体实际相结合。中国共产党团结和带领全国各族人民共同奋斗,建立了以人民为中心的中华人民共和国,并确立了社会主义制度,实现了中华民族从积贫积弱到站起来的伟大飞跃。1978年,党的十一届三中全会的成功召开标志着我国进入了改革开放的新阶段。这一时期,中国共产党深刻反思社会主义建设的经验教训,将马克思主义理论与中国的改革开放实践相结合,引领人民投身于建设具有中国特色社会主义事业,实现了中华民族从站起来到富起来的伟大飞跃。党的十八大以来,党中央团结带领全党全国各族人民,进行伟大斗争,建设伟大工程,推进伟大事业,实现伟大梦想,推动中国特色社会主义迈入新的历史时期,中华民族迎来了从富起来到强起来的伟大飞跃。

第二,中国特色社会主义进入新时代,"意味着科学社会主义在二十一世纪的中国焕发出强大生机活力,在世界上高高举起了中国特色社会主义伟大旗帜"②,体现了社会主义制度在中国的成功实践和创新发展,给国际社会主义运动提供宝贵的经验和深刻的启示。

中国特色社会主义所取得的突出成果,为社会主义在中国注入了新的活力和生命力,极大地激励了世界上信仰马克思主义和社会主义的人民。中国特色社会主义进入新的历史阶段,迸发出新的生命力与活力,已经成为21世纪科学社会主义发展的旗帜。我们有充分的理由坚信,随着中国特色社会主义的发展,社会主义的发展道路将不断拓展。中国共产党肩负着责任,具备信心和能力,为全球科学社会主义的进步贡献新的力量。

第三,中国特色社会主义进入新时代,"意味着中国特色社会主义道路、理论、制度、文化不断发展,拓展了发展中国家走向现代化的途径,给世界上那些既希望加快发展又希望保持自身独立性的国家和民族提供了全新选择,为解决人

---

① 习近平:《决胜全面建成小康社会 夺取新时代中国特色社会主义伟大胜利——在中国共产党第十九次全国代表大会上的报告》,《人民日报》,2017-10-28。

② 同上。

第一章　新时代高校思想政治教育"三全育人"的丰富内涵

类问题贡献了中国智慧和中国方案"①。

20世纪80年代末,弗朗西斯·福山在其著作《历史的终结与最后的人》中提出,西方的自由民主制度代表了人类社会政治制度发展的终极形态。所谓"历史的终结",指的是自由民主制度在全球范围内得到普遍认可后,历史就不再有根本性的政治制度变革。20世纪90年代初,许多人纷纷预言,世界上的社会主义将接连倒下。但在30多年后的今天,得益于中国共产党的正确领导,得益于坚定地走中国特色社会主义道路,中国的社会主义依然屹立不倒,并展现出强劲的生命力和广阔的发展前景。2008年的国际金融危机,凸显了西方体制的深层次问题,许多人开始从以往的"向西看"转变为"向东看",在社会主义中国寻求解决问题的方案和智慧。

中国特色社会主义展现出强大的活力和广阔的发展前景,并通过实践向世界证明:实现现代化,并非只有模仿西方的发展模式这一条道路,各国都有潜力根据自身国情,探索出一条适合自己的发展道路。中国特色社会主义取得的发展成就,为发展中国家提供了一条新的现代化路径,为既追求快速发展又希望维护独立性的国家提供了一个新的选择。中国式现代化,也为解决全球性问题贡献了中国智慧和中国方案。

历史的车轮滚滚向前,其发展总是伴随着一些关键节点和重要时期。经过不懈的努力,中国特色社会主义已经进入新的历史阶段,中华民族迎来了发展机遇期。坚持和发展中国特色社会主义,不断推进国家治理体系和治理能力现代化,要通过深化改革开放,致力于构建开放型经济新体制,推动经济高质量发展。同时,积极参与全球治理,倡导构建人类命运共同体,为世界和平与发展作出更大贡献。只有这样,我们才能在世界历史发展进程和中国社会主义建设进程中把握社会具体问题,抓住思想政治教育发展的历史机遇,认清思想政治教育工作发展的任务和方向,不断推动思想政治教育工作向前发展。

二、高校思想政治教育

高校思想政治教育是高校德育工作的重要组成部分,也是提高大学生思想政治修养和基本素质的主要内容之一,它是贯彻落实国家立德树人根本任务的

---

① 习近平:《决胜全面建成小康社会 夺取新时代中国特色社会主义伟大胜利——在中国共产党第十九次全国代表大会上的报告》,《人民日报》,2017-10-28。

主渠道和主阵地。

(一)高校思想政治理论课的科学内涵

高校思想政治教育是一个系统工程,高校思想政治理论课是其发挥功能的主阵地。通常我们所理解的高校思想政治教育主要指高校思想政治理论课,简称高校思政课。

高校思想政治理论课的概念经历了一个历史过程。《普通高校思想政治理论课文献选编(1949—2008)》和《加强和改进大学生思想政治教育重要文献选编(1978—2014)》显示,该课程一贯使用"马列主义课程""毛泽东思想课程""共同政治理论课"①等名称。21世纪以来正式确立为思想政治理论课,2004年8月26日,《中共中央国务院关于进一步加强和改进大学生思想政治教育的意见》(中发〔2004〕16号)开始提及这一概念,提出"高等学校思想政治理论课是大学生思想政治教育的主渠道"②。"05方案"由此而直接使用思想政治理论课(简称思政课)的称谓。自此以后,学界的注意力逐步转移到了思想政治理论课上③。在本书中,高校思想政治理论课主要包括具体的概念性课程名称、具体术语。在对课程发展历史进行整理的过程中,经常使用各个阶段的特定名词。

教育部印发的《新时代高校思想政治理论课教学工作基本要求》(教社科〔2018〕2号,下文简称《基本要求》)④指出:"思想政治理论课承担着对大学生进行系统的马克思主义理论教育的任务,是巩固马克思主义在高校意识形态领域指导地位、坚持社会主义办学方向的重要阵地,是全面贯彻党的教育方针、落实立德树人根本任务的主干渠道和核心课程,是加强和改进高校思想政治工作、实现高等教育内涵式发展的灵魂课程。"将学科建设纳入高等学校课程培养的大循环,突出了对高等学校的导向功能。2019年3月18日,习近平总书记在学校思想政治理论课教师座谈会上的讲话中强调"思政课是落实立德树人根本任

---

① 王爱莲:《高校思想政治理论课内涵式发展的基本矛盾及其关系处理》,《学术探索》,2021年第1期,第143-149页。

② 教育部思想政治工作司组编:《加强和改进大学生思想政治教育重要文献选编(1978—2014)》,北京:知识产权出版社,2015年版,第266页。

③ 张爱武:《高校思想政治理论课教材建设刍议》,《毛泽东邓小平理论研究》,2005年第10期,第59-63页。

④ 喻长志:《高校思政课实践教学对策研究》,《学校党建与思想教育》,2019年第16期,第38-39页。

务的关键课程,思政课作用不可替代,思政课教师队伍责任重大",这一论断使得大学思想政治教育的使命更加明确。

学界对高校思想政治理论课内涵的归纳主要包括三类:一是从学科维度界定。顾海良(2006)提出,高校的思想政治理论课是通过"直接的"学科课程的方式来进行的,是学校为了开展思想政治教育专门设立的体现在课程表上的有目的开设的课程①,体现了高校德育与其他课程的"平等性"。二是对高校德育工作中"主渠道""主阵地""主课堂""重要载体""重要使命"等内容的内涵进行界定和归纳。宇文利(2014)将其视为"中国思想政治工作的一个主要载体"②。三是对立德树人的根本任务进行了概括,将对新课改的认识提升到新的高度。戴钢书(2015)认为,思想政治课是"高等学校开展思想政治工作的主要途径,肩负着用马克思主义理论武装当代大学生的重任,肩负着立德树人的教育重任"③。冯刚和高静毅(2019)认为,"思政理论课是高等学校实现立德树人的必修课"④。大学生思想政治理论课的主要内容有四个层面:第一,作为一种以马克思主义理论与道德教育为核心,对中国全体大学生进行公开的、全面的"主渠道"的思想政治教育。第二,凸显了高校的本质属性,高校是以马克思主义为指导的"基本阵地",思想政治理论课具有鲜明的时代特征。第三,思想政治工作是贯彻"以人为本"思想的根本任务,它在大学生思想政治工作中有着其他学科无法取代的重要作用。第四,学校思想政治理论课是贯彻"以人为本"这一基本任务的一项重要课程,它在提高大学生的思想道德素质方面具有十分重要的意义。要鼓励其他学科与德育工作协同推进,确定学校的目标和方向,凸显中国大学的特点。简言之,高校思想政治理论课因其在关键领域中的作用而具有特殊的价值,是核心途径,因其标志性学科明确了其课程在当前时代的定位,并围绕中枢环节构建了课程的发展框架,这四方面构成了该课程体系的内在统一与整合。

---

① 顾海良:《高校思想政治教育导论》,武汉:武汉大学出版社,2006年版,第77页。

② 宇文利:《思想政治教育课程论:现状、问题与发展》,《思想理论教育》,2014年第4期,第27-31页。

③ 戴钢书:《高校思想政治理论课实践教学论》,北京:中国人民大学出版社,2015年版,第4页。

④ 冯刚、高静毅:《思想政治理论课与日常思想政治教育协同育人的实践维度考察》,《中国高等教育》,2019年第17期,第32-35页。

（二）高校思想政治理论课的构成

目前，我国高等教育体系中，思想政治理论课的设置已实现了一定范围内的标准化普及，在此基础上针对特定高校引入了新增课程。标准化课程涵盖了专科层次（含2门课程）、本科层次（含4门课程）、硕士研究生阶段（含3门课程）、博士研究生阶段（含2门课程），以及必修的"形势与政策"课程，总计达10门课程。另外，还专门开设"民族理论和民族政策"课程，以适应不同的少数民族院校和少数民族区域的需求。2019年8月14日，中共中央办公厅、国务院办公厅颁布的《关于深化新时代学校思想政治理论课改革创新的若干意见》指出，所有高校都要以习近平新时代中国特色社会主义思想为主要内容，设置一批可选的必修课①。通过课程设置，进一步深化了学科的内容，扩大了学科的规模。目前，教育部已选定部分地区高校作为"先行者"，以构建融合"必修课程"与"选修课程"为一体的思想政治理论教学体系。

大学思想政治理论课并非一个单独的科目，而是多个相关的科目组合而成的一个整体。作为一个课程群，其具有"关联性""育人性""整合性"的特点。自"05方案"开始，高校思想政治理论课课程设置在马克思主义理论一级学科支撑下越来越完善，其内涵的联系也越来越密切，逐步走向科学化、标准化、制度化的道路。通过深入剖析可以发现，大学思想政治理论课是在马克思主义理论的学科规则和中国特色社会主义基础上形成的一种由政治、历史、法律、社会学等多个领域的知识相结合而成的一种科学系统，在学生思想政治教育中发挥着重要作用。

相较于思想政治理论课概念的诞生，其教学实践在高校中的开展要追溯至更早年间。例如，20世纪20年代，北京大学就开设了李大钊教授的"唯物史观""工人国际运动"等课程，并在黄埔军校以"社会主义""中国革命"为主题，开展了大量马克思主义理论宣传与教育工作。但这类课程的分布比较零散，发展也相对有限。新中国成立后，大学普遍开设了系统的马克思主义理论课程，因此，大学思想政治理论课应运而生，并在此基础上体现了维护国家主权的内在要求。因此，如果本书中的高校思想政治理论课没有特定的指代，则是以1949年作为研究起点的。

---

① 孙武安、张鹏程：《高校党委在办好思想政治理论课中的关键作用》，《中国高等教育》，2019年第20期，第28-29页。

(三)高校思想政治教育的地位和作用

1. 高校思想政治教育的地位

思想政治教育是高质量完成党的各项工作任务的中心环节。党的二十大报告指出,思想政治工作被视为各项事业发展的关键要素。党的思想政治工作是推进一切工作走向胜利的关键环节。不管在什么时期,为了有效地推动中心任务,实现党的目标,思想政治教育的改革和发展都必须紧紧跟上党的中心工作,与新的时期相适应,研究新的形势,解决新的问题。在我们党的发展历程中,我们始终把思想政治工作放在首位。在这个新时代,我们应该把它放在更加重要的位置,增强实现民族复兴的精神驱动力。

思想政治教育是始终保持党的先进性的重要手段。思想政治教育具有鲜明的阶级特性,而我国所践行的思想政治教育则深刻体现了无产阶级性质。加强学生个人的思想政治素质培养,对于实现党的先进性、纯洁性具有十分重要的意义。步入新时代,思想政治教育已跃升为治国理政中强有力的武器,扮演着强化党的事业基石的核心角色。习近平总书记强调,党校、学院、社科院、高等院校及党委理论学习中心组均应将马克思主义理论设置为必要课程,使其成为学习、研究及传播马克思主义的核心平台。唯有在学生中持续推行思想政治教育工作,才能促使广大学生深化对马克思主义理论的理解,增强其理想信念与道德素质。

思想政治教育是落实立德树人根本任务的关键一环。作为中国共产党教育工作的关键部分,思想政治教育肩负着培育德才兼备人才的重大使命。习近平总书记指出,思想政治教育应贯穿教育全领域和全环节,充分发挥其在立德树人中的基础性作用。思想政治工作的中心任务就是要回答"培养什么人、怎样培养人、为谁培养人"①这个根本问题。要想更好地完成思想政治教育的基本任务,就应从为党和人民的大局出发,以全心全意为人民服务的社会主义道德原则和规范体系作为其教育核心。

2. 高校思想政治教育的作用

首先,思想政治教育反作用于社会经济基础。作为上层建筑的一个重要组成部分,它和经济发展是相互补充的。现阶段,我国高校思想政治工作应坚定中国特色社会主义,坚持党的全面领导。习近平总书记多次强调,经济建设是党的

---

① 习近平:《坚持中国特色社会主义教育发展道路 培养德智体美劳全面发展的社会主义建设者和接班人》,《人民日报》,2018-09-01。

中心工作。我们将意识形态提升为一种"国家战略",用立法的方式加以规定,从而将其纳入我国的治理之中。党中央强调把思想政治教育纳入国家体系,要求各单位利用制度优势开展这项工作,以加强和提升思想政治教育在党和国家的体系中的功能和地位。

其次,思想政治教育保证正确的政治方向。思想政治工作是动员群众、激励群众为维护自己的权利而斗争的有力工具,是社会主义国家的重要政治优势。党的十八大以来,习近平总书记从多个层面上强调我国的民主政治体制改革的重要性,使中国特色社会主义民主政治不断向纵深发展,取得了显著成效。加强思想政治教育是实现社会和谐与安定的先决条件,也是实现社会主义民主政治良性、有序发展的必要条件。

再次,思想政治教育促进文化的选择和创新,坚定文化自信。思想政治工作在培养和提升国民的文化素养方面发挥着不可替代的作用。文化对一个民族、对一个人是至关重要的。任何一个民族、一个国家、一个政党,只有对自身的文明有着深厚的认识,才能取得长足的进步和发展。中华文明五千年灿烂发展的道路上,既有丰厚的传统文化底蕴,又有深厚的人文底蕴,更有强大的文化自信和振兴中华民族的强大意志。习近平总书记指出,没有高度的文化自信,就没有中华民族伟大复兴。要重塑并增强自己的文化自信,就必须对自己的文化价值观形成一致的认识,并坚持自己的立场,这就要求我们在今后的工作中,要继续坚持发挥思想政治教育在赓续历史文脉、传承历史文化精神方面的重要作用。

最后,思想政治教育促进人的全面发展。思想政治教育是推动个体全面成长的关键因素,有助于塑造独特的人格魅力。该教育过程凭借内容的严谨性与教学手段的生动性,通过对个人进行政治制度和法律制度等方面的教育,让个人能够更好地了解各种不同的社会面貌。通过学习政治、道德和法律知识,坚定政治理想和信念,个体能够不断提升其认知与实践水平,进而成为全面发展的个体。思想政治教育不仅满足人的精神层面需求,还深刻影响人的思想与心灵塑造,提升其道德境界。面对现代化的快速发展,要把培养适合当代社会的价值观、精神特征、认识模式和思想方法放在教学工作的中心位置。

三、"三全育人"

2016年12月,习近平总书记在全国高校思想政治工作会议上指出"坚持把立德树人作为中心环节,把思想政治工作贯穿教育教学全过程,实现全程育人、全方位育人"①,首次提出"三全育人"概念,即全员育人、全程育人、全方位育人。"三全育人"教育理念的提出,迅速得到全社会的广泛认同。

(一)"三全育人"的科学内涵

理解和把握新时期高校"三全育人"思想的内容与特征是推动"三全育人"向前发展的关键所在。经过深入研究和科学总结,我国已逐步建立起相互衔接、开放、系统的思想政治教育体系和高校育人体系。在新的历史条件下,在学校德育工作中贯彻"以人为本"的思想,不仅可以充实大学教育的思想与方式,还可以满足学生的发展需要与心理特点,使人、空间、时间、环境等因素得到协调,从而使育人的目标得到更好的实现。

"三全育人"的内涵包含了以全员育人、全程育人、全方位育人为核心的教育理念、教育原则和教育机制。它强调高校在育人过程中,要以人力资源、环境、过程等要素为基础,通过多种手段提高高校学生的素质和思想境界。"三全育人"思想是我国在长期的教学工作中逐步形成的一种新思想。"三全育人"思想在未来的教学活动和人才培养的要求下,将会随着时代的发展而不断变化,不断契合我国社会主义建设的要求。

在新时代背景下,高校实施的"三全育人"策略着重于整合各类资源。为了提高高校德育工作的效率和质量,必须建立起一种系统的、协作的高校学生思想政治工作制度。"十四五"时期高校招生规模继续加大,这意味着高校毕业生将成为国民经济发展的重要力量。为了适应我国对高质量人才的需求,高等院校必须不断强化学生的思想政治工作,确保他们成长为社会主义建设的栋梁之材,成为中华民族伟大复兴的坚实后盾。"三全育人"理念构成了新时代高校教育的理念基础,并指导高校构建覆盖学生学业生涯与职业规划的全过程教育模式,以促进学生在"学生"至"社会成员"身份转换过程中的顺利过渡。

在掌握"三全育人"的内涵基础上,我们还要进一步掌握全员育人、全程育人和全方位育人三个方面。

第一,全员育人的基本内涵。在新时代的教育语境下,全员育人理念指明高校育人活动的核心参与者。新时代高校育人的主体,有广义与狭义两种理解维

---

① 新华社:《习近平在全国高校思想政治工作会议上强调:把思想政治工作贯穿教育教学全过程 开创我国高等教育事业发展新局面》,《人民日报》,2016-12-09。

度。广义上,全员育人包括了学校、家庭、社会及学生本身在内的教育共同体[①];而狭义上,具体包括学校内部教师、管理者和学生个人三个方面[②]。鉴于学生在育人过程中的独特角色,本书把大学教师和职能部门的工作人员都纳入了全员育人的核心范畴,突出建立一个协同工作体系,让所有的教师(包括大学教师和职能部门的工作人员)共同努力,以此来实现优质育人的目标。

第二,全程育人的基本内涵。全程育人是对高校思想政治教育工作的一种时空定位,它突出了高校思想政治教育工作必须贯穿于教学全过程的理念。这种理念推动着高校打破了过去的思想政治教育局限于教室和学期的模式,将其深入学生的学习和生活的各个方面。按照全程育人的要求,高校思想政治教育需要将各种教学资源有机地结合起来,对学生进行详细的分类,对日常学习、假期社会实践、课堂教学和校外学习进行科学的规划,保证思想政治教学与大学生的日常学习和生活紧密联系在一起。该理念的核心关注点在于高等教育的持续性与人才培养的长远规划,在高校内部构建一个全面而持续的思想政治教育体系,实现教育资源在时间维度上的优化配置与协同作用,从而有力保障高等教育育人目标的顺利达成。

第三,全方位育人的基本内涵。所谓"全方位",就是对大学生进行"空间化"的思想政治教育。随着信息技术的不断发展,高校学生的生活与学习空间从原有的实体边界扩展到全网的虚拟世界。在此背景下,学生的认知和价值观都有了新的发展。在此期间,不可避免地会产生某些观念上的误区和不正确的价值取向,进而造成他们在认知和行动上的偏离。全方位育人是一个十分关键的教育视角和体制,要求在学校中对大学生进行全方位的意识形态、价值观念的启迪,逐步培养正确的意识形态。关于教师的责任,古人早已有过清晰的解释:"传道授业解惑也。"在全方位育人视野中,"传道"实质上就是孕育知识和理性提升的过程,因此,"传道"可被解读为全方位育人。从系统的观点来看,"三全育人"和全员育人、全程育人、全方位育人是整体和局部的关系,仅仅抓住它们三者各自的本质内涵,并不能真正领会"三全育人"的精神实质。因为"三全育人"作为全员育人、全程育人与全方位育人的综合体,其内涵在上述三个基础范

---

① 梁伟、马俊:《高校"三全育人"理念的内涵与实践》,《学校党建与思想教育》,2020年第4期,第36-37页。

② 李沐曦:《新时代高校"三全育人"理论与实践研究》,长春:吉林大学,2022年,第32页。

畴之上，是一种新的教育理念。其中，育人与育才既紧密关联又各有侧重，而育人无疑是基础所在。对于高校而言，全员育人是实现这一目标的第一个条件，其次就是对时空进行合理安排。因此，"三全育人"的根本含义可以理解为：以人的力量对思想政治教育的开展进行组织与协调，从而构建起一套涵盖全过程、全方位的教育培训系统，在这一过程中，教育者和学生之间进行互动，并与时空因素进行融合，从而建立起一种健康的育人机制，促进大学教育系统的整体发展。

(二)"三全育人"的基本特征

"三全育人"体现了学校的教育思想与目标的新变化。新时期高校"三全育人"的实施，是对大学制度的整合和延伸，具有如下特点。

首先，全面性和整体性。本文通过对上述含义的剖析，认为在新时期高校"三全育人"系统中，"全"是其核心所在。"三全育人"在实际操作中，需要教师与同学之间的协作与良性互动，以增强协同育人的观念，把"人"作为最核心的人文意蕴。全员育人，不仅仅是对教师资源的整合，还包括了辅导员、任课教师、后勤服务人员等全体参加教学活动的人员，他们的思维要相互交融，即要做到全方位地融入。这同样适用于所有的教学进程，通过对思想政治工作的持续性思考，将大学生从入校到毕业的整个时间尺度进行连接，做到各个时期的延续。与此同时，全过程教育提倡将校内外的各种资源进行有机的结合，突破以往仅仅依赖于学校的局面，让学生的学习与发展成为一个全面的、综合的过程。全程教学就是把各种教学资源集中于一处，突破原有的平面教学方式的隔离、封闭，使教学三维化。因此，"三全育人"强调的是"全"，"全"指的是全体人员、全方位、全面性的教学。

其次，系统性和协同性。高等学校人才培养是一项系统工程。"三全育人"既是一种教育理念，又是一种教育模式，更是一种教育制度。在"三全育人"的理念下，大学高效地组织和利用各类教学资源，其本质上是一种系统集成和高效发挥效能的行为。从"三全育人"理念指导下的育人工作实践来看，要使育人工作有条不紊地进行，就必须注重系统的建设。实际上，高校育人系统是由多个子系统共同作用于学生成长的。高校"三全育人"要实现"全"的目标，首先要理清各子系统间的关系，使其相互协调。从整体上讲，高校"三全育人"的系统性、协同性是学校实施"三全育人"的关键所在，也是学校实施"三全育人"的原动力。

最后，过程性和结果性。"三全育人"是高校德育工作的总体目标，也是高校德育工作的主要内容。其实,当下的大学生所受的教育,已经不只局限于学校里教师传授的内容,而是随着视野的不断拓展,逐步涵盖更广泛的领域,不再单纯依赖于在课堂中进行思想认知及价值观念的培养。在开放的网络环境中,由于文化碰撞和观念冲突,很容易导致学生意识形态和思想认同的迷失。在此背景下,高校育人应强化"三全育人"的过程,将"全"与"育"相结合。

(三)"三全育人"的动力结构

要使"三全育人"的实施取得实效,就需要使各个组成部分的全面协作得以有效地进行,并在其上建立起一个完整、科学的体系。

1. 高校"三全育人"的主体结构

高校"三全育人"在教育主体方面,强调全员育人和全员参与;而在教育主体构成方面,强调高校的组织层次和工作人员的个体层次二元结构相互支撑。要明确各主体在"三全育人"体系中的地位和职责,突出其独有的优势。

组织层次包括学校党委组织、职能部门组织、院系组织、基层党团组织和学生组织等方面。要坚持立德树人这个基本使命,加强对教育工作的领导和指导,坚决贯彻落实党中央对高校教育政策的部署和要求。要做到这一点,就必须建立一个由党政干部、思想政治理论课教师和行政管理人员三方面组成的"育人团",在学校开展以德为本的德育工作。各级行政部门要按照学院的总体计划,将教育思想贯穿于平时的工作之中,主动发挥教育功能,努力使"工作思政"发挥出最大的功效。尤其是那些与学生工作密切相关的单位,更应该主动采取行动,对学生进行教育,在对他们进行管理和服务的过程中,让他们深刻地感受到学校的温馨和教育的精髓。院系是最接近学生的领导机构,其需要根据学院内同学们的特征和他们的职业发展趋势,使其在育人工作中的领导、管理和服务三位一体的作用得到最大程度的发挥,同时也要对更加有效的培养方式进行研究和实践,并对将思想政治内容纳入课程和专业的教学之中进行探讨。党团组织和学生组织是与学生联系最密切的组织,其包括党支部、团支部、学生会和学生社团等。党团组织和学生组织应该把思想政治教育的内容纳入学生活动的计划之中,不断地改进他们的方式,不断地加强学生群体在培养学生方面的作用。总的来说,大学的思想政治工作不应该只是马克思主义学院、个别相关部门、学生团组的单方面行动,而是要努力建立起一张覆盖学校各个组织部门的协作网,让各个机构之间在教育的进程上保持密切的联系,从而在整个学校里建立起一种全新的、全组织的教育模式。

工作人员的个体层次包括思想政治理论课教师、专业课教师、辅导员、专职干部、管理干部、后勤和学生干部等①。思想政治理论课教师是学校教育事业的主要力量,必然要求其教学质量与能力得到进一步的提升。专业课教师要提高自身素质与修养,用崇高的个人魅力来引导学生。在专业教育中,他们不仅要注重知识的灌输,还要注重把课程理念落实到具体实践中,使专业教育的职能得以发挥。在对大学生进行指导与服务时,应从实际出发,力求做到"以人为本"。高校教职工要多学习教育理念、教育方式,加强与师生的沟通,充分体现教育的功能。高校行政管理、后勤服务等部门也要在高校的管理与服务中,充分体现人才培养的功能,更好地履行自己的职责。学生工作人员和特殊人才是学校的重要组成成员,他们是学生身边的伙伴。学生更加愿意接纳身边人的理念和方式,在交流中易于互相感染,使之成为学校主流教育中的一个关键要素。总而言之,大学里的每一个人都要坚守自己的岗位,在学校的教育和培训工作中,要突破传统的"两门课程独立"的局面,建立一个新型的、多个部门的协作机制。特别是要突破思政课程与课程思政独立运作的屏障,促进思政课程与课程思政、学科思政的深入结合和协作,保证所有教师都能在大学的教育工作中充分发挥自己的作用。

2. 高校"三全育人"的动力结构

"三全育人"的理念由来已久,但在 21 世纪的今天,它融合了全新的观念、理念和方法,成为学校开展德育工作、做好学生思想政治工作的一个主要的承载平台。"三全育人"是由内因和外因两方面因素共同作用而产生的,它是随着时代的发展而不断发展的。

"三全育人"思想产生的内部动力来源于多元主体自身发展的需要。21 世纪以来,立德树人逐渐趋向于成为高校工作的核心,其工作重点也从强调"技能培养"向强调"人格塑造"转变。在高校培养的过程中,知识是培养学生的基础,而品德是其关键。"重技术轻个性"是不符合高等教育发展的基本原则和发展趋势的。要培养德、智、体、美、劳等全面发展的优秀人才,就需要将德育放在第一位,充分发挥思想政治教育的引领作用,使学校各个主体、各个阶段、各个层次的德育职能得到有效的激发。

---

① 栾春苹:《高校"三全育人"的结构与实施路径》,《党政干部学刊》,2023 年第 9 期,第 53-59 页。

"三全育人"思想产生的外部动力来源于社会发展的现实需要。随着新时代的到来,我国的历史方位、主要矛盾和奋斗目标等都在不断发生巨大改变,而这种全国性的巨大变革,给高校的育人工作带来了更高的要求和目标。为了保证立德树人这一重要使命的切实履行,党中央和国家站在一个崭新的战略高度,把"三全育人"思想贯彻到所有高校,对高校进行管理和指导,保证了高等教育办学的正确方向,防止高校教学工作的混乱和碎片化。

在"三全育人"的内在动力和外在动力共同推动下,高校思想政治教育逐渐形成一套有机的动力机理和组织架构,其各个环节相互交融、相互促进,共同推动高校思想政治教育不断向前发展。

第二章
新时代高校思想政治教育"三全育人"的生成逻辑

新时代高校思想政治教育"三全育人"思想,植根于经典马克思主义理论中有关人的自由全面发展的思想、列宁的灌输理论和中国化的马克思主义理论中有关思想政治教育方面的理论智慧。"三全育人"理念不仅是回应在新时代背景下对高校培养堪当民族复兴大任的时代新人的历史使命,更是对我们党的优良历史传统的继承与发扬。在经济全球化、社会信息化的复杂社会环境中,如何增强文化自信、维护高校意识形态安全,是新时代高等院校不可推卸的重要责任。在此背景下,"三全育人"理念要求我们在教育实践中,全员、全程、全方位地关注学生的成长与发展,为学生的未来奠定坚实的基础,这也正是促进高校稳定发展、培养德智体美劳全面发展的社会主义建设者和接班人的应有之义与必然之路。

一、"三全育人"的理论逻辑

中国共产党自成立之初,就高度重视思想政治教育工作,注重发挥思想政治教育的育人功能,将其视为培养社会主义建设者和接班人的关键一环。多位党和国家领导人曾多次针对这一工作作出重要指示,强调思想政治教育的极端重要性,尤其是在高等学校中发挥的引领作用。自从我们国家进入新时代以后,高校"三全育人"理念便应运而生,这也是习近平总书记对这一工作重视的具体体现。"三全育人"理念坚持以马克思主义理论为指导,高度契合马克思主义关于人的自由全面发展的学说,旨在培养德智体美劳全面发展的大学生,使其成为合格的社会主义建设者和接班人。在工作方法上,"三全育人"理念强调坚持列宁的灌输理论,通过科学的教育方式和手段,将马克思主义理论与中国特色社会主义理论传输给学生,占领意识形态阵地,帮助学生树立正确的世界观、人生观以及价值观,使学生能够坚定不移地听党话、跟党走。"三全育人"理念的深入实施,将为新时代高校思想政治教育工作注入新的活力和动力,推动其不断取得新的更大的成就。

(一)马克思恩格斯有关人的自由全面发展的思想

马克思在敏锐观察和深入分析资本主义社会中人的生存境遇基础上,深刻批判资本主义社会对人的全面奴役,在此基础上提出要推翻资本主义制度,到共产主义社会中实现人的自由而全面的发展。在资本主义私有制条件下,无论是工厂手工业时代还是机器大工业时代,广大劳动者在旧式的社会分工桎梏下,堕落为机器的附庸,固定在某一特定的劳动分工角色中,在流水线上永不停歇地劳动,变身为资本家攫取剩余价值的工具,失去人的本质、尊严和价值。马克思立足于"现实的人",探讨人的本质问题,他深刻揭露了在资本剥削条件下劳动者在劳动中体验不到劳动的乐趣,充满不自在和不愉快,资本家的外在强迫一旦停止,劳动者就会像逃避瘟疫一样逃避劳动。因此马克思主张建立共产主义社会,消灭资本主义私有制,因为"代替那存在着阶级和阶级对立的资产阶级旧社会的,将是这样一个联合体,在那里,每个人的自由发展是一切人的自由发展的条件"①。

人的自由全面发展理论是马克思在不断探索人的本质问题过程中逐步形成的理论内容。从自由角度看,人的自由全面发展涵盖人自身的自由发展和人性的自由发展。一方面,人自身的自由发展。马克思认为"自由的有意识的活动

---

① 中共中央马克思恩格斯列宁斯大林著作编译局:《马克思恩格斯文集》第二卷,北京:人民出版社,2009年版,第53页。

恰恰就是人的类特性"①。自由且有意识的活动正是人的生产劳动,人们通过发挥自己的主观能动性,借助生产实践,将自我的本质力量作用于客观世界,以此达到从自然界获取物质生产资料,科学地改造自然界的目的。这些活动既非盲目随意性的活动,也不是在外界力量胁迫下的非自愿活动,因而体现出自由自主的特点。另一方面,人性的自由发展。人类社会起源于自然界,是人通过实践活动不断改造自然界,将"自在自然"不断改造成"人化自然"的过程。在这一过程中,人的社会交往属性不断增强,人的历史传承性也不断加强。客观自然条件的桎梏逐步被摆脱,人们的物质生活日益丰富的同时,精神生活也逐渐充裕,人类逐渐走向自由之路。从全面角度看,人的自由全面发展意味着人的能力与综合素质都要在生产劳动中获得提高。人的脑力和体力通过生产实践转变为改造客观世界和改造主观世界的物质力量,在此基础上,人的主观能动性和主体创造性会得到充分发挥,人类认识自然和改造自然的能力不断加强。马克思为我们阐释了个体发展与社会发展的关系,诠释个体是如何通过生产实践提升能力,促进自身和人类全体自由而全面发展的。

"三全育人"理念是马克思主义关于人的自由全面发展的思想在新时代的延伸拓展,"把实现个体人的全面发展和自由解放作为现实导向,把促进学生的全面发展和培育时代新人作为价值追求"②。

首先,全员育人强调的是教育的普遍性和参与性,即每个人都是教育者,每个场合都是教育场所。马克思在《关于费尔巴哈的提纲》中指出:"人的本质不是单个人所固有的抽象物,在其现实性上,它是一切社会关系的总和。"③尤其是在交往日益深化的今天,没有一个人能够与其他人断绝所有关系成为一个"孤岛"。个体的发展离不开环境的塑造作用,因此高校要动员全部能动员的力量,突出强调参与人员的积极性,将社会、学校、家庭与学生个人共同纳入培育学生的体系当中。于社会而言,全社会成员可以通过培训讲座、岗位实习、公益志愿服务等方式参与到高校育人工作之中;于学校而言,学校是育人的主场所,学校

---

① 中共中央马克思恩格斯列宁斯大林著作编译局:《马克思恩格斯文集》第一卷,北京:人民出版社,2009年版,第162页。
② 李永睿、谈传生:《高校"三全育人"的生成逻辑、现实审视与完善路径》,《当代教育论坛》,2023年第1期,第93-99页。
③ 中共中央马克思恩格斯列宁斯大林著作编译局:《马克思恩格斯文集》第一卷,北京:人民出版社,2009年版,第501页。

当中的行政人员、任课教师以及辅导员等,共同构成了育人的骨干力量,要牢记育人的主任务;于家庭而言,父母是孩子的第一任老师,家庭是孩子成长的第一节课堂,家庭要配合好学校的育人任务;于学生自身而言,个体要充分发挥主动性与创造性,真正做好自我管理、自我教育和自我服务,充分发挥朋辈榜样力量,带动周围人共同进步。

其次,全程育人着眼于教育的连续性和阶段性,即教育应贯穿人的整个成长过程。马克思主义打破近代形而上学用静止的观点看待人类社会历史进程,强调运用矛盾运动和辩证发展的观点看待人类社会历史,即用动态成长的观点看待人。动物是"本质先于存在",它一经出生,其本质力量就已经被确定下来,整个物种对其本质的改变十分有限,比如兔子会吃草、兔子害怕狼等;而人类则是"存在先于本质",也就是说人的一生都在发生巨大的变化,不到生命终结时,无法对这个人的本质盖棺定论,可能上一秒还是一个充满社会正能量的偶像,下一秒就人设崩塌。所以,要以一种生成性和发展性的思维看待人类社会和历史。马克思主义正是在这个意义上强调推翻资本主义、建立共产主义的可能性和必要性。基于对人类社会的动态成长性的认识,高校思想政治教育非常强调全程育人的重要性。注重对学生成长成才的全过程进行教育引导,从踏入校门到离开校门,学校都要及时将思想政治教育工作落到实处。在开展入学教育时,学校应帮助学生认识高校生活、适应高校生活,明确未来的发展方向和道路,这一教育对于新生的全面发展至关重要;学生入学以后,学校根据学生不同发展阶段的实际诉求,开展阶段性教育,例如对大一学生注重基础知识和技能的培训,对大二、大三学生倾向于实践能力的培养,对大四学生加强职业规划教育等,确保学生在任何一个时期,各种需求都能够得到满足;毕业教育也非常重要,要注重传授正确的就业观与择业观,通过不同阶段的教育确保学生得到全面发展。

最后,全方位育人强调教育的环境性和整合性。马克思主义哲学指出,"动物仅仅利用外部自然界,简单地通过自身的存在在自然界中引起变化;而人则通过他所作出的改变来使自然界为自己的目的服务,来支配自然界"①,即动物只是被动适应外在环境的制约,而人类则可以通过自身的创造性活动改变外在环境,让其符合自身发展目的。人与环境之间的相互影响、相互制约和相互改造性更强。所以,要更加重视对人类社会发展环境的改造和重塑。另外,教育应当是

---

① 中共中央马克思恩格斯列宁斯大林著作编译局:《马克思恩格斯文集》第九卷,北京:人民出版社,2009年版,第559页。

一个涵盖知识传授、能力培养、情感培育以及价值观塑造等多方面的系统工程。在这一理念下,我们致力于培养出能够担当时代重任的新人,他们不仅在德智体美劳各方面实现全维度的发展,还具备深厚的文化底蕴和强烈的社会责任感。教育不应仅仅局限于书本知识的传授,而应通过丰富多彩的校园文化活动、社会实践等实现教育资源和社会资源的有效整合,建立起科学合理的测评机制,激发学生的创新精神与实践能力,同时培养他们的人文情怀与社会责任感。这样的教育才能真正培养出既有扎实学识又有高尚品德的新时代人才。

(二)列宁的灌输理论

任何一种先进的思想理论都深刻反映出其产生的经济条件和社会政治根基,列宁的灌输理论也不例外。自第二次工业革命后,传统的资本主义国家生产力得到飞速发展,开始逐步向帝国主义过渡,各国之间互相抢占国际市场、瓜分殖民地,国与国之间矛盾尖锐。反观俄国内部,一方面,俄国资本主义起步较晚,自从1861年俄国农奴制改革后,资产阶级力量虽然迅速壮大,然而仍是"资本主义最薄弱的一环"。伴随俄国资产阶级逐步发展壮大的还有国内的工人阶级,他们日渐庞大,逐步登上历史的舞台,亟需正确的理论指引。另一方面,沙皇的专制统治与资产阶级所追求的"民主自由"相违背,资产阶级联合封建势力压迫工人阶级的矛盾不可调和,国内矛盾林立,工人阶级的斗争实践呼唤科学的思想武器。正是在时代的塑造、发展的需要和斗争的需要的呼唤下,列宁的灌输理论应运而生。列宁的灌输理论科学地回答了为什么要灌输、谁来灌输、灌输给谁三大方面问题。

首先是为什么要灌输,这是源于工人阶级无法"自发"产生先进的社会意识,需要外部灌输给他们。俄国的工人阶级处于封建沙皇势力和资产阶级的双重压迫下,无法获得生产资料,只能依赖出卖劳动力来换取绵薄的收入以维持生计,根本无暇学习。资本家不断攫取剩余价值,完成价值增殖这一永动目标,不断加大对工人阶级的榨取。为了反抗压迫,工人会组成工会联盟与资本家进行斗争,但"工人阶级单靠自己的力量,只能形成工联主义的意识"[①]。工人被资本家的一些看似"妥协"的让步所麻痹和裹挟,他们的诉求仅仅停留在改善生活条件、提高工资待遇等方面,无产阶级难以认识到是资本主义制度导致悲惨的生

---

① 中共中央马克思恩格斯列宁斯大林著作编译局:《列宁选集》第一卷,北京:人民出版社,2012年版,第317页。

活苦难,更不要说敢于通过斗争推翻资产阶级统治。因此,科学的理论必须从外部灌输给无产阶级,推动马克思主义的科学真理在广大工人中传播,成为他们反抗的精神武器。

其次是谁来灌输,进步的知识分子需扮演好灌输主体的角色。列宁认为社会主义学说在"由有产阶级的有教养的人即知识分子创造的哲学、历史和经济的理论中成长起来"①。既然工人阶级迫于生计无暇学习,那么相对而言不被生活所迫的知识分子自然就要扛起灌输工作的旗帜。一方面,进步的知识分子往往能够对无产阶级的悲惨遭遇产生共情,自觉地与广大劳苦大众站在同一立场上,他们深知无产阶级的苦难,致力于推动无产阶级解放事业。立场的一致性,使其成为灌输理论的最佳人选。另一方面,知识分子深入地研究过科学社会主义理论,再加之长期从事革命斗争,积累了丰富的经验,能够根据工人阶级的实际情况,有针对性地将自己掌握的系统知识和方法用无产阶级理解的语言、方式传达给工人阶级。无论是从理论传承发展的角度还是从斗争的实际需要角度,进步的知识分子都是灌输工作的主体。

再次是灌输给谁,明确了灌输的客体对象。既然进步的知识分子承担起宣传教育引导的角色,那么明确教育谁、引导谁,则成了另一个重要任务。列宁认为"我们应当既以理论家的身份,又以宣传员的身份,既以鼓动员的身份,又以组织者的身份'到居民的一切阶级'中去"②。这里所提到的"居民的一切阶级"主要是指无产阶级、小资产阶级和青年人,他们分别是革命的主力军、中坚力量和后备生力军。第一,无产阶级是俄国革命的主力,他们受压迫最深,斗争的欲望最强,但囿于资产阶级理论的蛊惑,无法正确自发地认识革命,因而需要将马克思主义真理灌输给无产阶级,引导无产阶级团结起来,朝向推翻资本主义、建立社会主义制度努力;第二,小资产阶级具有摇摆性,他们既受资产阶级影响深远,又了解无产阶级,同时遭遇挫折又容易退缩,因此也是灌输的对象;第三,青年人关心革命事业的赓续发展,只有将马克思主义理论灌输给青年人,使其树立坚定的无产阶级信仰,才能够确保共产主义事业不断向前推进。

列宁的灌输理论在新时代高校思想政治教育的"三全育人"工作中扮演着

---

① 中共中央马克思恩格斯列宁斯大林著作编译局:《列宁选集》第一卷,北京:人民出版社,2012年版,第317-318页。

② 中共中央马克思恩格斯列宁斯大林著作编译局:《列宁选集》第一卷,北京:人民出版社,2012年版,第366页。

重要角色,"灌输是马克思主义理论教育的基本方法"①。从"三全育人"的主体构成来看,学校、家庭、社会以及学生群体共同构成了这一育人体系的四大支柱。学校作为"三全育人"教育活动的主阵地,承担着灌输的主体任务。学校设置全面系统的课程、多样性的社会实践活动以及完备的后续保障机制等,学生不仅能够接受知识,提升学习能力,同时思想、品德等多方面都能够得到全方位的提升,这些措施都在为"三全育人"理念保驾护航。家庭作为"三全育人"的延伸阵地,也发挥着灌输的作用。家庭中的每一位成员都陪伴着学生成长,他们能够直接接触到学生的日常生活,第一时间掌握学生的思想动向,家庭教育的温馨和细腻是学校教育无法替代的,学生从家庭中获取的关爱更多。家人可以通过言传身教或情感交流的方式,对学生实现春风化雨般的教育引导。社会在学生成长成才过程中也承担着灌输任务。在社会熔炉中,学生可以接触到更加多元的文化、更加复杂的人际关系和更加困难的职场考验,但是全社会可以通过主流媒体、社会公益组织、社区等各种渠道,传播社会主义核心价值观,灌输职业道德、家庭美德、社会公德和个人品德,这些也为学生的发展赋能助力。至于学生群体自身,他们承担着"同辈导师"的角色。作为同龄人,学生与学生之间的交流是无障碍的,通过互相学习、互相激励,榜样模范的引领和带头作用发挥得更加充分,学生们能够在共同成长的道路上互助前行。

为了抵御各种错误思想对高校大学生造成的负面影响,树立马克思主义理想信念,我们必须用好列宁同志提出的灌输方法,使他们能够明是非、辨正误,以科学的理论实现全方位无死角的覆盖。只有这样,我们才能确保"三全育人"理念得以深入贯彻,为新时代高校思想政治教育工作注入新的活力和动力。

(三)中国化马克思主义有关思想政治教育的理论

新时代高校思想政治教育"三全育人"理念的提出,也是对中国化马克思主义的理论传承。马克思主义自俄国十月革命胜利后,经李大钊介绍传入中国,犹如一盏明灯,为黑暗中摸索的先驱指引了方向,为中国革命指明了正确的道路,并且带来了胜利的曙光。在指导中国革命实践的过程中,马克思主义与中国具体实际紧密结合,历经风雨洗礼,逐步形成了毛泽东思想和中国特色社会主义理

---

① 习近平:《思政课是落实立德树人根本任务的关键课程》,《求是》,2020年第17期,第5页。

论体系。这一理论体系不仅深刻揭示了中国革命和建设的规律,更为我们党的思想政治教育工作提供了坚实的理论基础。从以毛泽东为核心的第一代领导集体开始,我们党就深刻认识到思想政治教育工作的极端重要性,将其视为凝聚人心、引领方向、推动事业发展的强大力量。历代中国共产党的领导人都高度重视并大力推进这项工作,使其成为我们党不断取得胜利的重要法宝。

毛泽东同志关于思想政治教育的重要论述是毛泽东思想的重要组成部分。毛泽东同志自青年时期就已经认识到思想政治教育是党的生命线,对党员干部和广大青年学生尤为重要,在革命的早期就积极创办报刊宣传马克思主义。毛泽东同志认为,党员干部的思想政治教育必须放在首位,党员不仅要在组织上入党,更要在思想上入党。这一观点深刻揭示了党内思想建设的本质要求,对于保持党的先进性和纯洁性具有重要意义。此外,毛泽东同志也非常重视青年学生的思想政治教育。他提出,要让青年人在思想上有所进步,政治上也有所进步,就必须加强青年的思想政治教育。各个部门都要负责任,形成青年思想政治教育的合力,才能取得良好的效果,"要使受教育者在德育、智育、体育几个方面都得到发展"①。毛泽东同志的这些论述,不仅为中国共产党的思想政治教育提供了重要的理论指导,也为当前加强和改进思想政治教育工作提供了有益的启示。我们应该坚持用马克思主义指导实践,不断加强党员干部和青年学生的思想政治教育,引导他们树立正确的世界观、人生观和价值观,为实现中华民族伟大复兴的中国梦贡献力量。

邓小平同志则站在改革开放的新的历史时期,高度强调高校思想政治教育的重要性,指出"学校应该永远把坚定正确的政治方向放在第一位"②。他提出教育的目的是培养"四有新人",即要培育有理想、有道德、有文化、有纪律的社会主义新人。所谓有理想就是要对我们坚持的共产主义事业有信仰;有道德就是要热爱国家、热爱集体、甘于奉献;有文化就是要掌握文化知识和技能,以更好地投身于改革开放的时代洪流中;有纪律就是要遵纪守法。邓小平同志认为,思想政治教育是党的优良传统和政治优势,对于推动改革开放和现代化建设具有重要意义,必须予以坚持和发扬。思想政治教育也必须服务于党的中心任务,为经济建设提供强大的精神动力和思想保证。他提出,思想政治教育工作必须坚持马克思主义指导地位,坚持四项基本原则,要加强党的基本路线教育,使全党

---

① 毛泽东:《毛泽东选集》第五卷,北京:人民出版社,1977年版,第385页。
② 邓小平:《邓小平文选》第二卷,北京:人民出版社,1994年版,第106页。

全国人民紧密团结在党的周围,共同为实现社会主义现代化建设而奋斗。

江泽民同志多次强调:"我们必须全面贯彻党的教育方针,努力造就德育、智育、体育、美育等全面发展的社会主义建设者和接班人。"①他指出,思想政治教育要紧密结合时代特点和任务要求,必须服务于经济建设大局,要求将广泛性和先进性相结合,既要涵盖广泛的人民群众,同时又要有针对性地进行分类,精准施策,以科学的理论武装人,以正确的舆论引导人,以高尚的精神塑造人,以优秀的作品鼓舞人。所谓以科学的理论武装人就是要灌输马克思主义真理,坚持理论联系实际;以正确的舆论引导人就是要坚持党对宣传工作的绝对领导,用科学的、先进的理论占领舆论阵地;以高尚的精神塑造人就是要弘扬中华传统美德和民族精神,以不断提高思想道德素质;以优秀的作品鼓舞人就是要在坚持"双百方针"的指引下,创造能够满足人民日益增长的文化需要的作品,鼓舞人的精神世界,增强精神力量。他要求思想政治工作者要带着对人民群众的深厚感情去做工作,尊重人、理解人、信任人,把解决思想问题与解决实际问题结合起来,多做得人心、暖人心的工作。同时,江泽民同志还强调,要引导群众自己教育自己,发挥人民群众在教育中的主体作用。他提出,要加强理想信念教育,特别是青年的理想信念教育,使之成为党思想政治工作的核心内容。

胡锦涛同志强调要坚持思想政治教育这一党的优良传统和政治优势。胡锦涛同志指出思想政治教育要"坚持以人为本,在教育工作中的最集中体现就是育人为本、德育为先"②。要注重解决实际问题,把解决思想问题与解决实际问题结合起来。他要求广大教育工作者要深入细致地做好大学生思想政治教育工作,培育"四个新一代",即理想远大、信念坚定的新一代,品德高尚、意志顽强的新一代,视野开阔、知识丰富的新一代,开拓进取、艰苦创业的新一代,用具有中国特色社会主义理论指引方向,培养出品学兼优、德才兼备的祖国栋梁之材。

习近平总书记强调,思想政治理论课是落实立德树人根本任务的关键课程,具有不可替代的重要作用,学校教育要"以树人为核心,以立德为根本"③。他提出,思想政治理论课要做思想政治教育的显性课程,理直气壮地开好思想政治理论课,发挥其在青少年成长过程中的引领作用。在此过程中思想政治理论课教师队伍责任重大,他们承载着传播真理、塑造灵魂、塑造新人的时代重任。思

---

① 江泽民:《江泽民文选》第二卷,北京:人民出版社,2006年版,第332页。
② 胡锦涛:《全国教育工作会议在京举行》,《人民日报》,2010-7-15。
③ 习近平:《在北京大学师生座谈会上的讲话》,《人民日报》,2018-5-3。

想政治理论课教师自己首先要有坚定的信仰,只有自己对马克思主义和中国特色社会主义的信仰坚定,对所讲内容高度认同,才能有效地引导学生真学、真懂、真信、真用。在此基础上,注重方式方法,把课堂教学和实践教学有机结合,把道理讲深、讲透、讲活,达到沟通心灵、启智润心、激扬斗志的效果。

二、"三全育人"的历史逻辑

历史的车轮在时光的轨道上滚滚向前,过往无数的辉煌与沧桑都在这条历史长河中绵延不绝,赓续前人的脚步,我们只有从中总结宝贵的历史经验,汲取实践智慧,才能为未来提供航标,在未来道路上走得稳健和长远。社会历史因时而变,经济发展状况也各不相同,它们每一次的变化,都会赋予思想政治教育以新的历史任务和侧重点。从中华人民共和国成立到改革开放这三十年,我们主要的任务就是摆脱落后贫穷,改变一穷二白的现实状况,就是要坚定不移地建设社会主义,为国家的崛起奠定坚实的物质基础;而改革开放后三十年,我们则要解决"富起来"的问题,致力于发展社会主义,让国家在经济发展、科技进步、文化繁荣等多方面取得瞩目的成就;如今,进入新时代,我们肩负着更为崇高的使命,那就是要实现第二个百年奋斗目标,让中华民族伟大复兴的中国梦在我们这一代人的手中变为现实,让中华民族重新屹立于世界民族之林。不同社会历史的阶段性特征都为思想政治教育的全面发展提出新的机遇和挑战,"三全育人"理念的提出正是在总结我国思想政治教育以往的经验与教训的基础上,不断成长起来的。

(一)改革开放前三十年我国思想政治教育发展情况

1949年中华人民共和国的成立,标志着中国进入了一个崭新的历史时期。新中国成立后,高校思想政治教育开始步入创立与初步探索阶段。新中国成立之初各项事业刚刚起步,特别是文化教育领域比较落后,这不仅是由于战争的影响,更是在于受旧社会遗留下来的各种落后思想的干扰。新生的革命政权既要建立以马克思主义为指导的思想政治教育体系,更要肃清封建势力、帝国主义以及买办阶级的旧思想,根除各种不良思想的毒瘤侵害,发展社会主义制度下的文化教育,从根本上扭转新中国文化领域落后的现实状况。实际上,在中华人民共和国成立前召开的第一届政协会议上,就已经关注了文化领域的问题,《共同纲领》为新中国文化教育事业的发展提供了遵循和指引,未来我们要发展的文化

第二章　新时代高校思想政治教育"三全育人"的生成逻辑

是民族的、科学的、大众的文化,要符合马克思主义的前进方向。当下要提高人民群众的文化水平,为国家发展建设培养人才,大力发展为广大人民群众服务的文化教育工作。这是符合新中国的现实状况,为巩固和发展人民民主专政而进行的新教育。为此,新中国召开的第一次全国教育大会指出新中国的教育要"为人民服务,首先为工农服务,为当前的革命斗争与建设服务"①。这与之前旧社会以错误思想为指导的文化教育工作有着本质的区别。

新中国成立之初的思想政治教育工作与当时的社会背景有着密切的联系。从国内背景来看,当时全国范围内正在轰轰烈烈地开展土地改革、"三反"、"五反"等运动;从国际背景来看,正值抗美援朝关键期,西方势力对我们进行封锁包围。因此,当时的思想政治教育工作,就是要在青年学生中广泛开展爱国主义和国际主义教育活动,逐步引导青年学生划清敌我界限,坚持与工农相结合,真正做到为人民服务的思想境界。自党的七届三中全会召开后,开始了全党整风,不断加强党内教育,切实提高广大党员干部的思想境界和作风。1951年,中央开始对党的基层组织进行整顿。与此同时,在高校中也对广大共产党员进行共产主义教育,在党政机关内针对贪污腐化现象,开展"三反"运动,极大扭转了当时的社会风气。

新中国成立初期,并没有统一的马列主义课程。随着社会主义改造的逐步进行,高校开始重视马列主义课程的设置和建设工作,此时的课程设计与当时的各种政治运动密切联系,带有特色鲜明的革命性和政治性导向。1952年至1956年期间,随着高校教育体系的逐步建立和完善,马列主义理论课程成为高校思想政治教育不可或缺的一部分。在这一时期,高校思想政治教育工作者出色地完成了历史使命,高校思想政治教育领域工作取得了丰硕的成果,初步奠定了高校思想政治教育的基础架构,同时为之后的高校思想政治教育工作奠定了基础,指明了方向。

自从三大改造完成后,一直到1966年,高校思想政治建设继续向前发展。

1957年,毛泽东同志在《关于正确处理人民内部矛盾的问题》一文中,就对"思想政治教育"的概念进行了科学的界定,明确地提出了党和国家要培养全方面发展的、符合社会主义建设要求的合格人才,规定了要对青年学生进行思想政治教育工作的总体目标,由此确立了思想政治工作的基本内容就是要武装广大

---

① 董鲁、皖龙:《铁肩担起兴邦任——教育强国富民的百年探索》,《中国教育报》,2021-6-15。

人民群众尤其是青年学生；明确地提出了在处理人民内部矛盾的过程中、在进行思想政治工作的过程中要以民主的方式进行说服，使其真正信仰共产主义；明确地提出了六个要求和六条标准进行思想政治工作，更是第一次提出了全社会都来抓思想政治工作。这是新中国成立以来第一次如此正式地把思想政治工作写进条例，这一时期的思想政治教育工作开启了学理化、制度化的有机尝试，为之后的高校思想政治教育提供了重要的理论支持和实践经验。

在进行全面建设社会主义的时期，高校思想政治教育工作高度重视传承优良革命传统和开展理想教育，用共产主义思想教育人民群众，在学校中积极鼓励教师和学生把对社会主义建设的热情与实现共产主义的理想相结合，发扬艰苦奋斗精神，克服困难与挑战。此时的革命英雄和榜样模范被大力宣传，例如雷锋同志和焦裕禄同志等。1963年春天，在全国范围内开展了"向雷锋同志学习"的活动，他们的精神不断激励广大师生昂扬向上，人际交往更加和谐，共产主义道德深入人心，社会道德风尚发生了深刻的变化。

在全面建设社会主义时期，我国的高等教育事业蓬勃兴起。科研队伍和科研基础设施比起之前明显壮大，科学技术有了较全面的发展，不断填补科学技术发展方面的空白。在这一时期，高校将知识传授和思想政治教育相结合，不仅注重将知识传授给学生，更加注重学生的思想政治进步。受当时的社会大环境影响，这一时期的高校思想政治教育也难免存在一些这样或那样的问题，例如共产主义理想宣传中出现"幼稚病"，阶级斗争扩大化理论误导下的思想政治教育受到损伤，以及对知识分子、文艺界和教育科学事业的政治倾向出现错误估计和错误批判等。这些问题在一定程度上影响了高校思想政治教育的效果。

（二）改革开放后三十年我国思想政治教育发展情况

十一届三中全会是我们党重要的历史转折点，会议明确作出了拨乱反正的重大决策。在此政策的指引之下，我国高等院校的思想政治教育工作在正确方针的引领下，踏上了恢复发展、加强改进和创新发展的光辉历程，取得了令人瞩目的成就。这一系列变革是对新的历史条件下教育使命变化的积极回应，在其背后深刻折射出我国经济社会快速发展的迫切需求，以及教育作为社会发展重要支撑的服务功能。同时，它也见证了我们党在思想政治教育领域方针政策的持续完善与成熟，展现了我们党与时俱进、开拓创新的宝贵品质。这一系列历史进程，不仅是对我国教育事业的巨大推动，更是对中华民族伟大复兴梦想的有力支撑。

1978年,继"真理标准问题大讨论"和思想解放运动的开展,我们党召开了著名的十一届三中全会,明确了国家的中心任务必须进行转变,不再"以阶级斗争为纲",而是"以经济建设为中心"。这一转变标志着我国思想政治教育也进入了一个新的历史阶段。1981年,中国共产党召开的十一届六中全会通过了《关于建国以来党的若干历史问题的决议》,标志着党的指导思想上的拨乱反正任务基本完成。全国各级学校要全面贯彻党的教育方针,促进学生德智体全面发展。

1981年夏,教育部在北京召开全国学校思想政治教育工作会议,会议指出要加强学生的思想工作,贯彻党的教育方针。1982年,教育部发出《关于在高等学校逐步开设共产主义思想品德课程的通知》,指出为了把学生培养成有理想、有道德、有文化、守纪律的又红又专的人,要把思想品德课程作为学生的一门必修课程,真正纳入教学大纲和教学计划中。此后,思想品德课成为系统性培育学生人生观、价值观和世界观的重要课程,并且在全国各大高校迅速设立。1983年暑期,教育部将学科名称确定为"思想政治教育学",学科建设的专业名称为"思想政治教育专业",并决定于1984年开始招生。1984年9月,全国首批思想政治教育专业本科生和第二学士学位的新生入学,标志着我国正规培养思想政治工作专门人才的开始。至此,我国思想政治教育专业培养涵盖了从本科生到博士生的全部体系。

1989年6月,党的十三届四中全会确立了以江泽民同志为核心的中央领导集体,重申了十一届三中全会以来党的路线、方针、政策,提出了"改革、发展、稳定"的大政方针。在这一时期,反思改革开放以来社会主义精神文明建设和高校思想政治教育的经验教训,增强坚持四项基本原则教育的自觉性,成为高校思想政治教育的重点内容。

1993年2月,中共中央、国务院通过了《中国教育改革和发展纲要》,确定了到20世纪末教育改革和发展的目标与任务。1996年,我们党对高校"党委领导下的校长负责制"作出明确规定,强调我国高校必须实行党委领导下的校长负责制,加强党对高校思想政治教育的领导,以党建带动和推动高校思想政治教育工作。1998年,九届全国人大常委会第四次会议审议通过了《中华人民共和国高等教育法》,对高校内部领导体制予以国家立法保障,并于1999年1月1日起正式实施,从而将高等学校实行"党委领导下的校长负责制"以法律的形式确定下来。2005年12月,思想政治教育成为一个独立的二级学科,归属于马克思主义理论一级学科,这一调整极大地促进了思想政治教育的科学化发展,更加旗帜鲜明地体现了党的领导。在此之后,各大高等学校不断重视思想政治理论课的发展,在教材的编写和设置上,更加积极主动地融入马克思主义理论学科的发展。思想政治教育工作的教学质量、育人效果不断提升,教师的政治和业务水平不断增强。

自改革开放以来,我们国家不断创新思想政治教育的方法和路径,丰富和创新其内涵、内容和任务要求等方面。经过这三十多年的发展,当前的思想政治教育活动呈现出诸多新特点,例如活动形式更加生活化、活动领域更加细化、活动载体更加多样化、人文情怀更加深化、参与人员的积极性和主动性更加强烈等,这些都得益于党的正确领导。

经过数十年的努力,我们在高校中打造了一支能力多元、管理规范、专业扎实的具有中国特色的高校思想政治教育队伍。各级、各层次教师都参与其中,以党政干部和共青团干部为引领、以辅导员和班主任为主体、以思想政治理论课教师和哲学社会科学教师以及心理健康教师为教学骨干,为加强高校思想政治教育提供了有力的组织保证和人才支撑。与此同时,以不低于1∶200的比例设置专职辅导员岗位,以不低于1∶350的比例设置专职思想政治理论课教师岗位。依据这些要求,我国的思想政治教育队伍的规模在不断壮大,尤其是青年教师晋升职称,必须要有担任辅导员或班主任的工作经历且考核合格,这样便能拉近学生与教师之间的距离。我们为了使高校思想政治教育队伍更加专业化,建立起相应的选拔和培养机制,不断推动辅导员和思想政治理论课教师的动态交流。

2005年,胡锦涛同志在全国加强和改进大学生思想政治教育工作会议上提出,培养什么人,如何培养人,是我国社会主义教育事业发展中必须解决好的根本问题。我们的思想政治教育要以理想信念教育为核心,要将爱国主义教育内容贯穿其中,要把学生的全面发展作为思想政治教育的目标,要为社会主义事业的赓续发展培养出德智体美劳全面发展的建设者和接班人。

(三)新时代以来我国思想政治教育发展情况

党的十八大以来,党中央更加重视对高校大学生思想政治教育的领导工作,坚持全员、全过程、全方位育人。把思想价值引领贯穿教育教学全过程和各环节,健全教育体制机制。建立部门协作常态机制,形成党委统一领导、党政齐抓

第二章 新时代高校思想政治教育"三全育人"的生成逻辑

共管、职能部门组织协调、社会各方积极参与的工作格局,为实施高校思想政治工作质量提升工程提供了坚强的组织保障。2016年年底,习近平总书记强调,高校思想政治工作关系高校培养什么样的人、如何培养人以及为谁培养人这个根本问题。这一讲话为新时代高校思想政治教育指明了方向。

自党的十八大以来,我国进入了新的历史方位,而思想政治教育也被赋予了新的历史使命与时代任务。当前我们正处在中华民族实现伟大复兴的关键时期,饱受磨难的中华民族历经从"站起来"到"富起来"的伟大飞跃,现在正昂首阔步走在"强起来"的光明道路上。新时代以来,我们党不断创新思想政治教育工作的理论、方法以及形式,体现出新的特点。

1. 思想政治教育地位和作用发生深刻变化

党的十八大以来,我们党更加重视思想政治工作,其地位被上升至全局性、整体性、战略性。思想政治教育工作更加突出党的领导这一鲜明特色,这也契合了党的十九大报告所指出的中国特色社会主义最本质的特征是中国共产党领导。要想实现思想政治教育工作的内涵式发展,就必须坚持思想政治教育工作中党的领导,充分发挥中国特色社会主义优势,毫无保留地听党话、跟党走。

高校承担着立德树人的根本任务。要想实现这一根本任务,就必须坚持马克思主义的指导地位,以党的领导为抓手,统筹抓好各项工作任务,不断加强高校中党的建设。党中央和国务院在中国共产党成立一百周年之际发布《关于新时代加强和改进思想政治工作的意见》,在其中指出高校思想政治教育工作,要充分发扬优良传统,突出党的领导政治优势,从根本上保证高校思想政治教育工作不偏方向、不走歪路。

2. 思想政治教育引领和导向功能明显提升

思想政治教育以坚持正确政治方向和鲜明价值导向为显著特征。党中央高度重视并且全面加强对意识形态工作的领导,大力推进马克思主义理论和共产主义理想信念在全社会,特别是在高校中的教育活动,不断推进习近平新时代中国特色社会主义思想在群众中入脑入心,生根发芽。尤其是不断加强实现中华民族伟大复兴的中国梦的教育,极大提升了全体人民的自信心和自豪感。人民群众更加坚定中国共产党的领导,以党的意志为意志,意识形态得到不断巩固。习近平总书记关于社会主义核心价值观教育的重要论述,成为高校思想政治教育的重要指针,推动社会主义核心价值观融入社会生活各方面,使社会主义核心价值观的影响像空气一样无时不在、无处不在。

3. 思想政治教育在文化建设中的引领功能得到强化

文化建设是"五位一体"总布局不可或缺的一环。社会主义先进文化为文化建设指明前进方向，历史悠久的中华优秀传统文化和革命文化则为文化建设提供精神资源，这三者共同汇聚成为源源不断的文化血脉。新时代以来，思想政治教育工作充分汲取中华优秀传统文化、革命文化和社会主义先进文化的养分，不断实现中华优秀传统文化的创造性转化和创新性发展，真正做到强基固本、培根铸魂。与此同时，思想政治教育也在引领文化建设的过程中实现自身的拓展与飞速发展。

4. 思想政治教育力量得到明显加强

新时代以来，党中央高度重视思想政治教育力量建设，更加重视和讲求专业的人做专业的事。高校思想政治理论课教师直接承担着为党育人、为国育才的重要任务，高校思想政治理论课教师队伍建设的好坏直接关系到思想政治教育建设的成败。党和国家致力于思想政治教育的专业化更加凸显，对思想政治教育工作者提出更加明确的要求。我国自2018年开始实施"高校思想政治理论课教师队伍后备人才培养专项支持计划"以来，极大提升了后备教师的理论素养并扩大了队伍规模，也切实加强了思想政治教育专门化和专业化程度。2019年，习近平总书记在思想政治理论课教师座谈会上提出"大中小学思政课一体化"发展思想，逐步发展为"大思政课"以及"大中小学思想政治教育一体化"建设工程，不断贯通各学段的思想政治理论课教师力量，促进畅通交流，提升各层次学校思想政治理论课教师的能力水平。

5. 思想政治教育方法手段不断创新

进入新时代，思想政治教育需要摆脱传统的教学方法，积极探索创新的教育手段，以更好地适应学生的学习方式和时代的发展要求。一方面，要引导学生通过解决实际问题来学习相关知识，培养他们的问题意识和动手能力。可以设计具体的项目，让学生通过参与项目来学习并应用知识，培养合作精神与创新精神。另一方面，要利用新技术手段，打破传统课堂的单向传递，实现师生互动，提高教学效果。同时，在课程体系上，推进学校思想政治理论课内涵式发展，提升思想政治理论课教学质量。并且，将思想政治教育的课程阵地从思想政治理论课拓展到课程思政，使各类课程与思想政治理论课同向同行，产生协同效应。

三、"三全育人"的实践逻辑

"三全育人"是理论内在逻辑不断推进的结果,是历史纵向发展不断开显的结果,也是现实的社会实践深切呼唤的结果。当今国际局势复杂多变、风云诡谲,甚至部分地区动乱不止,"两个大局"相互交织,整个世界处于百年未有之大变局中。在这样的时代背景下,青年人作为国家和民族的未来希望,义不容辞地挺膺担当,为国家的繁荣稳定和富强贡献青春的力量。与社会不稳定相伴相生的则是思想的激荡碰撞,给意识形态安全带来极大的挑战。因而,思想政治教育的作用愈发凸显,亟需更好地发挥教育引导作用,引领广大青年坚定不移地走中国特色社会主义发展道路,不断增强文化自信和民族自豪感。只有这样,我们才能更好地应对外部挑战,维护国家安全和稳定,最终实现中华民族伟大复兴。

(一)统筹"两个大局"亟需堪当大任的时代新人

"中华民族伟大复兴的战略全局"和"世界百年未有之大变局"是习近平总书记既立足当下又着眼未来,既把握中国内部实际情况又统筹世界发展大趋势提出来的,这一重要论述极富远见,为我们如何正确认清当今世界发展大势、如何科学把握中国发展方位、如何清晰明确中国前进方向,提供了根本遵循和战略指引。

中华民族伟大复兴的战略全局关乎党中央和国家发展事业的重大部署,关乎中华民族再次屹立于世界民族之林的伟大愿景。自鸦片战争打开中国的国门,长达110年的屈辱历史成为无数中华儿女痛苦的回忆。直至中国共产党带领工人阶级团结民族资产阶级和小资产阶级,联合各族儿女建立新中国后,中国人民逐步实现从站起来到富起来再到强起来的伟大飞跃。我们踏上第二个百年奋斗目标后标志着当前的中国比任何一个历史时期都更有能力、更有愿景、更有信心实现中华民族伟大复兴,近代以来中国人民梦寐以求的目标在此时更为接近。要实现中华民族伟大复兴,就要立足于"全",既要统筹政治、经济、文化、社会、生态"五位一体"的总体布局,又要兼顾"四个全面"战略布局,坚决不在任何一方面出现短板,也不会片面发展某一领域,防止出现"短板效应"。

实现中华民族伟大复兴的中国梦对培养时代新人提出了新要求、新任务,习近平总书记寄语年轻人要做有理想、敢担当、能吃苦、肯奋斗的时代新人。因而,培养时代新人是推动中华民族伟大复兴的必然要求。这就要求我们调动一切可以调动的力量,打通一切需要畅通的"关节",整合一切可以优化的资源,以"三全育人"的理念和方法进一步推动思想政治教育工作落到实处。年轻人是社会主义事业的接班人和生力军,要加强对年轻人的引导,加强理想信念教育,引导青年人树立正确的世界观、人生观和价值观,坚定共产主义信仰和中国特色社会主义信念。要深入开展中国特色社会主义和中华民族伟大复兴的宣传教育,让青年人深刻认识到自己的历史使命和责任担当,同时要为他们提供广阔的发展空间和良好的发展机遇,在实现中华民族伟大复兴的征程中施展他们的才干。只有源源不断地造就能堪当民族复兴大任的时代新人,才能为实现中华民族伟大复兴提供强大的人才保障和智力支持,全面建设社会主义现代化国家、推动社会全面进步的历史重任也才能够顺利交接到年轻人的手中,从而为实现中华民族伟大复兴贡献自己的力量。

"世界百年未有之大变局"是对当前人类社会所处历史方位的科学研判,其核心在于"变"。当今世界相较于百年前,正在经历大范围、深层次、革命性的变化。这些变化希望改变原有的国际秩序,促进经济全球化的深入推进、新一轮科技革命的迅猛发展、社会数字化的全面加速等良好的一面。同时,在和平与发展这一时代主题不变的情况下,也出现了许多不稳定性因素,例如右翼势力抬头、逆全球化浪潮不时袭来以及贸易保护主义愈演愈烈等。这些变化相互交织、相互影响,共同构成了当今世界的复杂图景。在这一大变局中,中国既面临着前所未有的机遇,也面临着诸多挑战和风险。

在如此波谲云诡、动荡发展的大时代面前,更需要加强对青年人的教育和引导,特别是国际视野、历史知识、人类情怀和理想信念教育,以防青年人被"浮云遮望眼",迷失在丛林之中。一方面要教育年轻人视野要开阔、思想要开放、心态要积极,理解科技的重要性,把握全球形势,强化持续学习和适应能力,抱有"它山之石,可以攻玉"的想法,向外学习、取长补短,在我国当前发展不足的领域实现弯道超车;另一方面要在青年人中树立"平视世界"的自信和勇气,引导广大青年坚定对中国特色社会主义道路、理论、制度、文化的自信,厚植爱国主义情怀,把爱国情、强国志、报国行自觉融入坚持和发展中国特色社会主义事业、全面建成社会主义现代化强国、实现中华民族伟大复兴的奋斗之中。

●(二)意识形态安全给高校思想政治教育发展提出新的挑战

意识形态安全涉及一个国家的文化、主流价值观、信仰等方方面面,是国家和社会平稳健康发展的重要基石。尤其是对于新时代的大学生而言,他们处于人生观、价值观和世界观形成的关键时期,既思想活跃,但又对许多事物缺乏正确的认知,因此对其加以正确引导更是极为重要。当前西方敌对势力传播的错误思想、互联网的蓬勃发展,给高校思想政治教育带来外部意识形态安全挑战,再加上当前高校思想政治教育本身的内容和方法有待丰富,存在一些内部问题,因此,加强高校思想政治教育中的意识形态安全工作是落实高校立德树人的关键环节。

习近平总书记指出"意识形态工作是党的一项极端重要的工作"[①]。在我国,中国共产党是中国特色社会主义事业的核心,在意识形态安全领域要绝对坚持党的领导,坚持马克思主义的指导地位。高校意识形态安全是我国意识形态安全工作不可忽视的重要环节,高校意识形态安全工作直接影响我们对社会主义接班人的培育成果,必须高度重视。高校承担为党和国家培养高素质人才的重要任务,"高校主流意识形态和社会主义核心价值观具有互通性和共同之处,且二者相耦合,以马克思主义为根本指导思想、以培育时代新人为共同价值目标"[②]。

首先,西方敌对势力宣传的错误思想给高校思想政治教育带来冲击。各种思想观念和价值取向在高校学生群体中传播,这可能导致学生对主流意识形态产生怀疑和挑战,其中西方敌对势力的个人主义、拜金主义、历史虚无主义等错误思潮及其不当言论,包括故意抹黑中国形象、抹黑中国共产党的领导、否定新中国成立以来取得的巨大成就等歪曲论调,都给青年人认识世界、认识中国带来困惑。尤其是进入新时代以来,世界格局加速演变。在经济全球化和文化多元化的共同催生下,西方意识形态正在不断挑战我国高校的主流意识形态。例如,西方敌对势力大肆宣扬"历史终结论"或者"中国威胁论",否定社会主义制度,或者在影视、动漫等文化作品中渗透资本主义的意识形态,企图侵蚀年轻人对社会主义意识形态的认同,这些事例都值得我们警惕。高校是一个文化多元与思想开放的场所,西方敌对势力利用高校大学生三观尚未真正成熟的特点,趁机灌输资产阶级的意识形态,渗透错误的人生观、世界观和价值观。高校大学生思想活跃、有求知欲,但是缺乏社会阅历,对一些复杂问题没有形成全面的认知,给了

---

① 习近平:《习近平谈治国理政》第一卷,北京:外文出版社,2014年版,第153页。
② 王永凤、杨忠林:《高校意识形态安全建设的价值意蕴、时代挑战和创新图式》,《河南工业大学学报(社会科学版)》,2023年第5期,第90-97页。

西方敌对势力钻空子的机会,可能会造成高校大学生对中国共产党的领导、中国特色社会主义道路和社会主义核心价值观产生动摇,因此高校思想政治教育需要更多地关注大学生的思想动态,对西方敌对势力传播的错误观点严防死守,让中国特色社会主义理论、制度、道路和文化自信在高校大学生心中扎根发芽,坚定地听党话、跟党走。

其次,互联网的发展给高校思想政治教育发展带来冲击。对于传统的高校思想政治教育课程,教师作为教学活动的主体、学生作为教学活动的客体而存在,教师在线下开展课堂教育活动。在信息化时代的当下,互联网、智能手机的高度普及成为高校大学生获取信息的主要来源。互联网改变了传统思想政治教育课堂单向被动的传授模式,学生们可以在互联网上获取海量教育资源、发表自己对任一事物的看法。但反过来,互联网上鱼龙混杂的观点和立场也会给高校思想政治教育带来重大挑战。互联网相较于报纸、书籍、电视等传统媒体,获取资源更具有即时性特征。微博、抖音、小红书等社交软件占据了高校大学生的碎片化时间,在算法机制的影响下,会迎合大学生的兴趣爱好,推送符合其"兴趣"的信息内容,相较于传统的思想政治教育课堂更加生动具体,致使传统的教学模式对学生的吸引力逐渐降低。并且当下是自媒体时代,能够在互联网上传播信息的主体不仅仅有弘扬正能量的官方媒体,各类网络达人、流量博主也成为传播网络信息的重要力量。其中不乏一些别有用心的人,为吸引眼球、赚取流量,故意散布虚假信息,甚至发表不当言论干扰大学生的正确认知。此外,互动性也是互联网的重要特征,任何事件都有可能成为热搜,在互联网上任何个人都能发表对任何事情的任何看法,追帖他人观点更是稀松平常,加之互联网的匿名性,导致一言不合就容易发生谩骂甚至网暴的局面。信息的狂轰滥炸和瞬息万变也导致很多思想观点并未得到足够的深思和检验。互联网不是一片净土,给高校思想政治教育带来了多重冲击。

最后,高校思想政治教育关于意识形态安全教育的内容和方法有待更新。高校思想政治教育承担着维护国家意识形态安全的重要使命,但是目前,有些学校意识形态安全教育的内容可能与时代有所脱节,存在理论泛化和陈旧的倾向。大学生在接受教育的过程中感觉内容有些空洞,没有与当下的国际背景或者世界局势相结合。再加上教育的形式也缺乏一定的创新性,仍然以教师课堂填鸭式的讲授为主,即使个别学校有社会实践的环节,也可能存在重形式而轻实质的情况。这就要求高校思想政治教育要树立教师和学生双主体的理念,既重视课堂讲授的重要性，又要培养学生的自主思考能力，达到教学相长的目标。还要利用好社会实践基地，尤其是爱国主义教育基地，通过切身感受，培养高校大学生的民族自信心和自豪感，培育其发自内心的对社会主义的高度认同，增强其抵御不良思想侵蚀和理论反击的能力。

（三）文化自信建设需要高校思想政治教育助力推动

自从我国开启进入新时代的伟大征程后，习近平总书记便高度重视文化自信的作用。习近平总书记高瞻远瞩，将文化自信与道路自信、理论自信、制度自信并列为"四个自信"，彰显出文化自信在国家和民族发展中的重要地位。在新时代的历史进程中，我们面临着培育有理想、敢担当、肯吃苦、能奋斗的时代新人的紧迫任务。这些新人不仅要有坚定的理想信念，还要勇于担当时代责任，不畏艰难困苦，勇于拼搏。而在这个过程中，赓续文化自信的血脉显得尤为重要。高校作为人才培养的摇篮，其思想政治教育承担着义不容辞的责任。它不仅要传授专业知识，更要引导学生树立正确的世界观、人生观和价值观，培养他们的文化自信，为国家的繁荣富强注入源源不断的文化动力。

文化认知是文化自信的坚实基础。"文化自信的发生，源于对民族、国家传统文化、当代文化、未来文化的认知和把握，缺乏对于自身文化的历史洞察、现实认同与未来憧憬，文化自信无从发生。"①我们很难在高校学生对我国历史与文化认知不清晰、不深刻和不全面的情况下，空洞地引导学生喊出文化自信的口号。中华优秀传统文化、革命文化和社会主义先进文化是孕育文化自信的精神摇篮，因此不仅要增强高校学生对中华优秀传统文化的认知，更要增强对中国革命传统文化的认知。中华优秀传统文化是中国人的精神根基，中国历史绵延五千年形成的优秀传统文化深刻植根于每个中国人心中。自近代以后，中国共产党领导全国各族人民在推翻封建主义和帝国主义的斗争中所形成的革命文化更是中华优秀传统文化的延续发展。社会主义先进文化是在社会主义理论、道路、制度建设和发展过程中对社会主义历史发展规律和未来发展趋势的总结与揭示，更是对社会主义制度优越性的确认和彰显。在高校思想政治教育过程中，要向学生全面灌输中华优秀传统文化、革命文化和社会主义先进文化的深厚底蕴、深刻思想和深沉情感，增强学生的理论认知，更好地培育文化自信。

---

① 黄晓波：《论文化自信的生成机制》，《科学社会主义》，2012年第3期，第74—77页。

文化认同是文化自信提升的关键。在对中华优秀传统文化、革命文化和社会主义先进文化有了一定的理性认识的基础上，我们还应该通过丰富多彩的文化形式进一步提升大学生对三者的文化认同，从知识性教育向情感性教育提升。中国五千年的历史、革命实践和社会主义实践中所形成的文章、诗歌、音乐、书画等文化作品是涵养文化自信的重要资源。这些经典文化作品具有极强的感染力和号召力，在高校思想政治教育过程中，要充分利用这座精神宝库，以经典作品涵养高校大学生的精神世界。高校思想政治教育教师要将这些经典作品融入课程，让高校大学生领略中华优秀传统文化的历久弥新、中国革命文化的波澜壮阔和社会主义先进文化的激荡人心，在经典作品的学习中，潜移默化地增强学生的认同感，走出精神迷航的困境，自觉成为中国特色社会主义文化的传承者和开拓者，成为堪当大任的时代新人。

在文化交流中，中华文化与外来文化的相互激荡既带来机遇也带来挑战。世界经济联系日益紧密，与之相伴相生的则是多元文化的相互碰撞和交锋。伴随全球化而涌入国内的西方文化，不断冲击我国的社会主义意识形态和价值体系，但与此同时，西方世界所谓的"普世价值"越来越暴露其獠牙，不过是其实行经济渗透、政治渗透和文化渗透的手段。在纷繁复杂的世界文化景观中，高校思想政治教育的使命是引导学生正确认识其本质和缺陷，坚定对社会主义的文化自信。因此，高校思想政治教育在培育文化自信中既要坚持马克思主义理论的指引，又要培育社会主义核心价值观。

一方面，要充分发挥马克思主义的真理作用，增强高校学生的向上动力。马克思主义的真理性不是依靠某个人的口头宣传，而是经过实践检验的，尤其是在中国的革命、建设和改革历程中被证实是正确的理论。马克思主义真理正确地揭示了资本主义不可克服的"顽疾"及其内在矛盾，揭示了人类社会发展的基本规律。生产力与生产关系、经济基础与上层建筑的矛盾运动，不断推动人类社会向前发展。马克思主义真理更是在与中国具体实际相结合过程中形成了毛泽东思想和中国特色社会主义理论体系，习近平新时代中国特色社会主义思想是其最新理论成果，是21世纪的马克思主义。在高校思想政治教育过程中，要用马克思主义理论涵养大学生的精神世界，坚定对马克思主义的信仰和对中国特色社会主义道路的自信，引导大学生将其内化于心、外化于行，朝着共产主义远大理想接续奋斗，做中国特色社会主义事业的合格建设者和可靠接班人。

另一方面，要培育社会主义核心价值观。在高校思想政治教育过程中，用社会主义核心价值观培育文化自信,首先需要将社会主义核心价值观融入课程体系和教学内容中,使之成为教育教学的核心内容。通过课堂教学,引导学生深入理解社会主义核心价值观的内涵,增强对其的认同感。其次,高校应举办一系列实践活动,如志愿服务、社会实践等,让学生在实践中践行社会主义核心价值观。这些实践不仅能够提升学生的道德修养,还能增强他们的文化自信。再次,还应加强校园文化建设,营造积极向上的文化氛围,通过举办文化节、讲座、展览等活动,展示中华文化的魅力,让学生在参与中感受文化的力量,增强文化自信。最后,高校思想政治教育应注重培养学生的批判性思维,教育学生理性看待西方文化,辩证区分其精华与糟粕,避免盲目崇拜。通过比较分析,使学生认识到中华文化的独特价值和现代意义,从而坚定文化自信。

第三章
新时代高校思想政治教育"三全育人"的重要意义

百年大计,教育为本,而"培养什么人、怎样培养人、为谁培养人"是教育的根本问题。进入新时代,中华民族要培养的是能够担当民族复兴大任的时代新人,在"怎样培养人"的问题上中华民族始终坚持以立德树人为根本任务,但"不管什么时候,为党育人的初心不能忘,为国育才的立场不能改"[①],这也是"为谁培养人"问题的答案和最终价值追求。"三全育人"理念是顺应时代发展并与时俱进的,是能够应对教育根本问题的成系统的科学的教育理念,其符合立德树人这一根本任务的价值旨趣,能够赋能高校思想政治理论课内涵式发展,为办好人民满意的教育保驾护航。

一、有利于落实高校立德树人根本任务

教育是国之大计,党之大计。立德树人作为新时代中国教育的根本任务,这既是中国建设教育强国的彰显,又是加强现代化人才建设需求的体现,是实现现

---

① 人民日报评论员:《全力培养社会主义建设者和接班人——论学习贯彻习近平总书记全国教育大会重要讲话》,《人民日报》,2018-09-15。

代化强国建设不可或缺的价值指引。高校在推动思想政治建设方面同样要落实立德树人这一根本任务。要想全方位、多角度落实思想政治教育在立德树人方面的建设,首先,要明晰立德树人的内涵,对这一概念的价值意蕴有清晰的定位。其次,找到思想政治教育与立德树人之间的契合点,从学理的角度对思想政治教育和立德树人之间的关系给予深刻理解。最后,从"三全育人"这一最新理念出发,回应时代的呼喊与育人的内在需求,探寻高校思想政治教育落实立德树人的利好之处。

(一)立德树人的内涵

立德树人这一概念被大众熟知是近十几年的事,但"立德"与"树人"这两个词早在两千多年前就出现在我国古代的书籍中。"立德"这一字眼早在先秦的史学著作《左传·襄公二十四年》中就有提及,在著作中提到人的一生有三种"不朽"的事业标准,分别是立德、立功与立言,而立德身居三大标准之首,更是"不朽"事业的最高境界,可见"德"在当时的重要地位。周公作礼作为中国古代"立德"的典范,确立君臣、父子、夫妻等人际关系准则,是为社会百姓建立何以为人的标准,维护了社会稳定。"树人"则最早出现在春秋战国时期的齐国大思想家管子的著作《管子·权修》中,其在文中指出:"一年之计,莫如树谷;十年之计,莫如树木;终身之计,莫如树人。"由此可见,培育人才是一国能够持之以恒的终身大计。综上所述,在我国古代无论是"立德"还是"树人"都最终指向了为人根本与治理之道,都凸显了对"德"的重视。

在对立德树人的追根溯源中,能够体会到历朝历代不同社会制度与不同历史环境下对"德"都非常重视,除了这一共性特点外,要想真正理解立德树人的深刻内涵,还需要站在不同时代背景和不同社会环境中具体地、历史地感悟立德树人的动态发展。马克思指出:"一切以往的道德论归根到底都是当时的社会经济状况的产物。"[①]因为,对于想要树立什么样的"德"以及想要培育什么样的"人"的规定,始终都不能仅仅停留在抽象的文字中,始终都不是静止的存在,而是根据社会的生产力与生产关系所决定的,是动态的。所以,"德"是与人类社会生活密切相连的,要从国家的社会历史条件出发去探究"立德"的标准和"树人"的方式,有什么样的社会历史条件、社会制度形式、国家的时代使命,就会有

---

① 中共中央马克思恩格斯列宁斯大林著作编译局:《马克思恩格斯文集》第九卷,北京:人民出版社,2009年版,第99页。

相对应的立德树人的价值旨趣、内容形式、使命担当。

既然历史上不可能有超越阶级、超越人类的道德，那么就要站在国家社会存在的角度，从时代背景出发，从国家历史任务出发，牢牢把握立德树人这一道德概念的具体的、历史的内容。因此，"德"所指向的内涵在不同时代有不同要求，"人"所要培育的方向也随历史任务的不同而变化。在私有制主导的中国封建制度社会背景下，将百姓培育成拥有道德的人，虽然能够推动社会的进步，但无疑是在维护封建王权的前提下这一规定才得以持续，因此重视道德无疑是帝王驭人之术，带有奴化的教育色彩，究其根本是不可能真正培养出具有高尚品德之人。例如春秋战国时期面对礼崩乐坏的局面，孔子将"仁"作为道德的最高标准，通过秩序规范和道德约束来达到维护封建主的政治统治的目的。同样，在西方的资本主义社会制度下，资本主义的充分发展推动了平等、自由、正义和博爱等词语传入寻常百姓家，而这些观念正是与资本主义社会经济发展相适应的道德表现。但资本固有的增殖逻辑致使高尚道德的代言词背后掩盖的是剥削人、压迫人、不道德、不公平的事实，自由的背后是不自由，平等的背后是不平等，因此资本主义社会的道德极具虚伪性。无论是中国古代封建制度下的礼教对人性的压迫，还是西方资本主义私有制下人成为欲望的奴仆，都是相应社会制度条件下道德呈现的必然结果。列宁曾在《青年团的任务》一文中指出："我们否定从超人类和超阶级的概念中引出的这一切道德。我们说这是欺骗，这是为了地主和资本家的利益来愚弄工农，禁锢工农的头脑。"[1]由此可见，在特定历史条件下会形成具有一定特殊性的道德内涵，但面对中国古代道德思想，既不能全盘否定，也不能全盘吸收，而是要具有批判性地根据当前人民群众的实际情况以及实际需求，结合时代特征，对中国古代道德思想进行创造性转化与创新性发展。

随着社会主义制度的确立，每一个人得以发展的条件日益多元。在社会主义建设初期，我国关于"德"的建设主要围绕马克思主义以及社会主义现代化建设而不断开展，逐步形成了"在德育、智育、体育几个方面都得到发展，成为有社会主义觉悟的有文化的劳动者"[2]的"树人"标准，在对人才的培育中将思想政治教育与专业技能素养辩证统一。改革开放后，社会生产力水平大幅度提高，人

---

[1] 中共中央马克思恩格斯列宁斯大林著作编译局：《列宁选集》第四卷，北京：人民出版社，1995年版，第289页。

[2] 中共中央文献研究室：《毛泽东文集》第七卷，北京：人民出版社，1999年版，第226页。

们的物质生活水平也不断提升,新的社会面貌、社会情况、社会变化使得"德"的内涵与"人"的标准要适应时代的变迁而增添新的内容。随着时代的不断发展,中国共产党审时度势,以习近平同志为核心的党中央将对"德"的重视提升到更高的地位,党的十八大报告首次提出要将"立德树人作为教育的根本任务"①,将立德树人理念作为国家在教育发展中的重要指向。随着中国进入新时代,综合国力的不断提升也要求立德树人理念指向更加明确的目标。习近平总书记在党的十九大报告中进一步指出:"要全面贯彻党的教育方针,落实立德树人根本任务,发展素质教育,推进教育公平,培养德智体美劳全面发展的社会主义建设者和接班人。"②面对两个百年大计的奋斗目标,习近平总书记在党的二十大报告中进一步指出:"育人的根本在于立德。全面贯彻党的教育方针,落实立德树人根本任务,培养德智体美劳全面发展的社会主义建设者和接班人。"③强调了培养什么样的"人"根本在于"立德"。立德树人作为教育的根本任务既是中国共产党对中华优秀传统文化中优秀的教育思想的继承与创新,又是中国共产党在带领中国人民进行教育实践的过程中,吸收党的教育理论基础之上的总结与升华,既凸显了中华优秀文化的深厚底蕴,又是对当代中国发展方向的重要指向。

　　立德树人这一词语内在包含"立德"与"树人"两者密不可分的关系,"立德"的目的在于"树人",而"树人"首先要"立德"。习近平总书记曾多次在重要场合借用《资治通鉴》中的古文"才者,德之资也。德者,才之帅也"来阐释"立德"与"树人"之间的关系。"立德"为根基,"树人"为中心,两者犹如车之两轮、鸟之两翼。这说明两者既不可偏倚其中一方,又不能缺少其中一方,而是要辩证统一于培育人才的整个过程。如此一来,才能够实现教育的预期目标。因此,即使立德树人从表面看是由两个单独词语组成的,但要将两者有机统一,德是人之成人的品行,人是德得以体现的载体。没有人,德将无从展现;没有德,人则与动物相差无几。因此,"立德"与"树人"二者是你中有我、我中有你的关系。

---

　　① 胡锦涛:《坚定不移沿着中国特色社会主义道路前进,为全面建成小康社会而奋斗》,《人民日报》,2012-11-18。
　　② 习近平:《决胜全面建成小康社会 夺取新时代中国特色社会主义伟大胜利——在中国共产党第十九次全国代表大会上的报告》,《人民日报》,2017-10-28。
　　③ 习近平:《高举中国特色社会主义伟大旗帜 为全面建设社会主义现代化国家而团结奋斗——在中国共产党第二十次全国代表大会上的报告》,《人民日报》,2022-10-26。

综上所述,想要深刻且清晰地了解立德树人的内涵,既要从立德树人的根源出发,溯源其根本意味,也要随着不断变化的社会现实,以及历史条件去探析历朝历代对于立德树人不同的内涵,从而取其精华、去其糟粕,在科学认识立德树人之间内在关系的基础之上,把握当代中国始终坚持立德树人作为教育根本任务的意蕴,坚持正确方向,推动高校思想政治教育的不断发展。

(二)思想政治教育与立德树人的关系

当今世界,在大国竞争的过程中,影响综合实力的至关重要因素就是国家教育与人才的培养。站在新时代背景下,中国始终坚持立德树人的教育根本任务。在高校与中小学开展思想政治教育的育人活动,立德树人与思想政治教育作为教育过程中重要的两大要素,对于培养人才以及推动社会的进步具有非凡的意义。立德树人与思想政治教育之间存在着紧密而不可分割且相辅相成的关系,两者在教育实践的过程中能够共同依存、相互促进,共同作用于培育人才的全过程中;两者在中国的教育实践这一广阔的舞台上犹如车之两轮、鸟之双翼,缺一不可,共同推动中国宏伟而复杂的教育事业的全过程;两者为塑造具有高尚的品格、坚定的理想信念以及卓尔不凡的社会主义建设者和接班人起到了在思想上保驾护航的作用。立德树人与思想政治教育二者都旨在推动个人的成长。立德树人主要侧重于道德教育的育人作用,培育高尚品德。习近平总书记曾提及:"高校思想政治工作关系高校培养什么样的人、如何培养人以及为谁培养人这个根本问题。"[①]由此可见,思想政治教育主要在贯穿立德树人这一根本任务的基础上,同时又凸显了培育中国特色社会主义道德这一层深刻内涵,即使二者各有侧重,但在教育实践过程中却是紧密相连、不可分割的。

立德树人与思想政治教育在目标协同方面具有一致性。其一,立德树人与思想政治教育二者的价值旨趣都在于为实现中华民族伟大复兴而培育社会主义建设者和接班人。其中,立德树人作为教育的根本任务,其主要通过五育中的德育引领个人成长,塑造个人的优秀道德品质,使之成为具有高尚道德情操之人。而思想政治教育则通过向个人传递系统的理论教育知识和参与教育实践锻炼,来帮助个人树立正确的世界观、人生观和价值观;帮助个人学习马克思主义的立场、观点和方法;帮助个人树立正确的政治方向和坚定的政治立场。由此可见,

---

① 习近平:《习近平谈治国理政》第二卷,北京:外文出版社,2017年版,第376页。

立德树人是在更加广泛的、一般的、普遍的意义上的育人理念,而思想政治教育是在中国特色社会主义的层面上表达了立德树人的特殊、个别、具体的要求,让立德树人这一理念不仅仅是一个空洞的口号,而是真真切切可以通过思想政治教育的方式方法与教育内容成功落实在中国大地上。高校思想政治教育的主阵地就是思想政治理论课,马克思在其与恩格斯合著的《共产党宣言》中指出:"在未来的社会里,每个人的自由发展是一切人自由发展的条件。"[1]马克思正是在实践探索以及吸收前人理论精华的过程中得出了人类社会历史发展规律,他认为人类最终会走向自由而全面的发展,因此他将人全面而自由的发展作为共产主义社会的特点,这也是共产主义的远大理想。我国始终坚持将共产主义远大理想与中国特色社会主义共同理想相结合,在培育社会主义建设者与接班人的过程中,也会把人的全面发展作为培养目标,让每个人都能获得充分发展。这既是在思想政治教育过程中向受教育者传播党和国家的路线、方针、政策与理论,培育受教育者社会主义核心价值观的最终要义,也是落实立德树人的最终归宿。

其二,立德树人与思想政治教育二者的目标都能够凸显时代精神,与时俱进。随着中国经济的不断发展、社会面貌的不断更新,新的时代精神也不断随着实践发展而愈来愈多地涌现,立德树人与思想政治教育的内容始终能够紧跟时代步伐,不断增添新的更具时代性的内容,例如"四有"青年、"五育"并举、社会主义核心价值观等,不断适应新时代下的主要矛盾、社会环境和人才需求,推动国家培育德才兼备、富有创造力的人才。

在以立德树人为根本任务以及进行思想政治教育的过程中,立德树人与思想政治教育二者之间会相互渗透、相互促进。立德树人为思想政治教育提供了核心价值导向,能够为思想政治教育的方向始终走在正确的方向上保驾护航。同时,思想政治教育可以借助自身更加具体、更加丰富的教育内容,以多样化的教育形式为立德树人提供有力支撑,使得二者在推动教育事业发展过程中能够相得益彰。从内容相互契合的视角出发,立德树人内涵的核心在于通过提升道德品质的培育水平,达到培育出国家需要的人才的目的,而思想政治教育不仅能够落实立德树人的根本任务,还能够回应"如何树人"的问题。思想政治教育能够帮助个人树立正确的三观;能够让个人在当下纷繁复杂的社会现象中明辨是非,透过现象看到问题本质;能够让个人在西方资本主义文化渗透的背景下,筑

---

[1] 中共中央马克思恩格斯列宁斯大林著作编译局:《马克思恩格斯选集》第一卷,北京:人民出版社,1995年版,第294页。

牢个人防止腐蚀的思想防线。更重要的是必须切实加强思想政治教育,戳穿西方"普世价值论"等观点背后隐藏的政治底色和意识形态图谋,揭示资本主义道德的欺骗性和虚伪性,用社会主义核心价值观筑牢大学生的心灵防线,树立社会主义的道德观,防止大学生的精神世界被西方价值观所"俘虏"而出现精神坐标错位,乃至出现信仰危机,在大学生心灵深处切实构筑起自觉抵御西方价值观侵蚀的"防火墙"。

当前,我们比以往任何一个历史时期都更接近、更有信心和能力实现中华民族伟大复兴的目标,在"两个一百年"奋斗目标的交汇时期,要充分发挥立德树人与思想政治教育推动教育事业不断繁荣发展的支撑作用。既要始终坚持围绕立德树人这一教育根本任务,着力培育良好的个人品德、家庭美德、社会公德和职业道德,充分发挥重要的价值导向作用,同时也要注重思想政治教育对受教育者的有计划、有目的、有组织的培养,引导受教育者坚定马克思主义信念,树立正确的世界观、人生观和价值观。如此一来,思想政治教育与立德树人二者能够形成合力,相辅相成,共同致力于培育能够担当民族复兴重任的时代新人。

(三)"三全育人"有利于高校思想政治教育落实立德树人根本任务

习近平总书记曾在全国高校思想政治工作会议上强调:"要坚持把立德树人作为中心环节,把思想政治工作贯穿教育教学全过程,实现全程育人、全方位育人,努力开创我国高等教育事业发展新局面。"①从这段讲话中可以看出,立德树人在高等教育事业的不断发展中已然占据核心地位,而"三全育人"理念能够推动立德树人贯穿高校思想政治教育的全方位,顺应了时代发展需要人才的趋势。因此,为了能够落实立德树人这一根本任务,可以推动高校思想政治教育在全员育人、全程育人、全方位育人的过程中形成教育的合力,从而开创教育事业的新局面。

其一,全员育人能够为落实立德树人根本任务提供人员保障。在高校育人过程中,教育者承担着思想政治教育的主要任务,但在思想政治教育过程中,仅依靠教育者发挥全部育人功能是无法真正落实立德树人艰巨任务的,因此必须调动高校全体人员,既包括直接进行思想政治教育的教育者,也包括学校行政人员、后勤服务人员在内的高校的每一位教职工。因为,受教育者接受教育、提升

---

① 习近平:《在全国高校思想政治工作会议上的讲话》,《人民日报》,2016-12-09。

品德的过程不是静态地发生在课堂中,而是动态地存在于学校各种大大小小的事务中,大到受教育者参与高校举办的有关思想政治的实践活动,小到受教育者遵守宿舍的文明条款。所以,高校在落实立德树人这一根本任务的过程中首先要让全员形成教育合力,共同承担起育人这一重任。专职教师通过提升课堂效率、充实课堂内容、开展多元课堂等教学方法提高受教育者学习思想理论知识的积极性;高校辅导员则要不断提升自身的专业化与职业化水平,在与受教育者日常接触中,了解每个受教育者的不同情况,因材施教地采用多样化方式提升受教育者的道德修养;行政人员则要肩负起深入贯彻全员育人的理念,促进道德和教育的协同发展,制定完善的落实方案,确保立德树人工作的有序开展。此外,除了学校这一教育主阵地之外,作为受教育者的第一负责人的家长也要在家庭教育中成为受教育者的思想引路人。与此同时,社会力量还要充分配合高校德育工作的开展,以此形成学校、受教育者、家庭、社会的共同参与、协同合作、各司其职的教育合力,以此优化配置教育资源,通过每一个环节的互相配合,推动教育资源价值最大化,助力立德树人的落实。

其二,全程育人能够为落实立德树人根本任务提供"一盘棋"育人机制。全程育人旨在遵循受教育者的身心发展规律,将科学的教育目标和教学内容有效衔接、层层递进,让受教育者能够在各学段之间顺利衔接。全学段能够形成"一盘棋"的机制,保障受教育者顺利承接不同学段的学习任务,推动受教育者健康发展,其实质是将立德树人这一根本任务贯穿于受教育者学习过程、成长过程和德育过程的始终。要遵循教书育人的规律以及思想政治教育的规律,根据学生成长特点,实施因材施教的针对性教育。在受教育者入学之初,要衔接好受教育者从已完成的高中学段进入新的大学学段这一过渡期,同时在高校进行思想政治教育的过程中不能将德育视为"一锤子买卖",而是要将育人的时限从短期转化为长期。此外,在思想政治理论课堂向受教育者进行德育教育的基础上,要真正推动"思政课程"和"课程思政"之间的良性互动,让受教育者在受教育的全过程中,不仅学习系统的、科学的思想政治理论知识,还能通过其他课程的学习与实践,感悟思想道德的魅力,促进学生全面发展。

其三,全方位育人能够为落实立德树人根本任务提供全覆盖的育人体系支撑。在落实立德树人的根本任务过程中,不可缺少的就是学校能够向受教育者提供教学环境、实践活动、学校管理、后勤服务、特色校园文化等能够落实立德树人的方面,学校的每个教育场域要以立德树人为中心环节,坚持以人为本的教育理念,并且分管每个场域的不同部门之间要相互配合、齐心协力,力争教学遵循学生身心发展规律;教育实践活动引导受教育者在实践中树立良好三观;学校管理通过相关管理方法帮助受教育者顺利完成学业目标;后勤服务保障受教育者的健康成长;特色校园文化推动受教育者德智体美劳全面发展,以此共同构成了能够覆盖育人全方位的体系,不仅注重知识的传授,更重要的是促进受教育者德育的发展和能力的提升。此外,可以建立高校、家庭、社会三方联动的思想政治教育智慧平台,三方能够实时地关注受教育者的个人情况,同时三方还可以突破地域与时间的限制,在平台上实现无障碍实时沟通,以此提升育人的效率。作为主阵地,高校思想政治教育要自觉承担联络家庭与社会两方的责任,成为家庭与社会、家庭与学校、学校与社会沟通的教育纽带,以此形成三股教育力量,在沟通合作中落实立德树人的根本任务。校园内全覆盖教育的方方面面,校园外通过平台建立起三方联动的协同立体网,既可以保障校内教育实践的开展,又能够补充校内外教育联动的缺失。

综上所述,坚持"三全育人"理念能够推动高校落实立德树人这一根本任务,同时全员育人、全程育人、全方位育人三者之间的互相依存、互相补充、互相促进,能够为高校立德树人提供完备的育人队伍、全覆盖的育人体系以及"一盘棋"的育人机制。

二、有利于推动高校思想政治理论课内涵式发展

习近平总书记在党的二十大报告中指出:"高质量发展是全面建设社会主义现代化国家的首要任务。"①高校思想政治理论课内涵式发展顺应了中国当代发展趋势,能够更好地满足中国高质量发展过程中对高质量人才的需求。要想推动高校思想政治理论课内涵式发展,首先需要明确内涵式发展的内涵以及高校思想政治理论课内涵式发展的特点,通过全员育人、全程育人以及全方位育人推动高校思想政治理论课内涵式发展。

(一)内涵式发展的内涵

从常规的语义理解角度出发,内涵式发展意为某一事物的中心要旨的发展,

---

① 习近平:《高举中国特色社会主义伟大旗帜 为全面建设社会主义现代化国家而团结奋斗——在中国共产党第二十次全国代表大会上的报告》,《人民日报》,2022-10-26。

或者是对某一事物内涵的研究与建设,因此,想要探究内涵式发展应该首先从内涵这一词语的语义出发。《现代汉语词典》主要从三个方面对内涵的语义进行了阐释。其一,从逻辑学的角度出发,内涵这一词语是指一个概念所反映的事物的本质属性的总和;其二,将内涵这一词语作用于物时,是指某一事物所包含的内容;其三,当内涵这一词语作用于人的时候,是指这个人的内在的涵养①。而从哲学角度则可以将内涵与外延两对概念放在一起分析,通过对比更清晰地了解内涵这一词语的深刻含义。内涵主要强调的是某一事物本质属性的总和,也就是这一事物的概念、特性,是事物得以区别于其他事物的质的特定规定性;相比之下,外延侧重于强调对某一事物的量的特定规定性,是这一事物能够向外延伸的总和。因此,内涵式发展的实质就是强调事物的质的规定性发展。

想要深刻领悟内涵式发展的概念,还需要从历史角度出发,追根溯源。马克思在研究人类社会发展的规律过程中,发现了生产力是推动社会进步的源泉,又在对资本主义社会进行深刻剖析的过程中发现了资本主义社会发展的特殊规律,即剩余价值学说,揭露了资本家的剥削本质。而《资本论》作为工人阶级的圣经正是马克思从政治经济学角度出发,以商品为切入点,由点到面、从小到大、从现象到本质,阐述了剩余价值的生产、分配、交换与消费的整个过程。马克思也正是在论述资本主义社会经济发展规律的过程中提及了内涵式这一词语,其在论述社会生产总过程中的扩大再生产时,虽然没有直接使用内涵式这一词语,但其指出:"固定资本价值中这个转化为货币的部分,可以用来扩大企业,或改良机器以提高生产效率。这样,经过一段或长或短的时间,就有了再生产,并且从社会的观点看,是规模扩大的再生产。""如果生产场所扩大了,就是在外延上扩大;如果生产资料效率提高了,就是在内涵上扩大。"②随后,列宁进一步发展了马克思关于扩大再生产的理论,后续的理论研究者进一步在前人的理论中概括出了内涵式发展这一词语,"后人在分析经济增长方式时,把'外延式'称为外延增长,'内涵式'称为内涵增长"。③

马克思、列宁等思想家对内涵式发展的概念进行了阐释,这一概念随着思想

---

① 中国社会科学院语言研究所词典编辑室:《现代汉语词典》第7版,北京:商务印书馆,2016年版,第944页。
② 中共中央马克思恩格斯列宁斯大林著作编译局:《马克思恩格斯文集》第六卷,北京:人民出版社,2009年版,第192页。
③ 刘思华:《生态马克思主义经济学原理》,北京:人民出版社,2006年版,第375页。

家的理论传入中国后,在中国社会的不同领域实现本土化发展,在原有基础上衍生出了教育领域的高等教育内涵式发展、高校思想政治课内涵式发展。内涵式发展一词在中国共产党第十八次全国代表大会上正式被提出,在这场会议中,提及要推动高校教育内涵式发展,使高等教育内涵式发展成为国家的重大战略,此举既顺应了时代发展,同时也满足了中国发展对人才的需求。随后,在中国共产党第二十次全国代表大会上提出"加快一流大学和一流学科建设,实现高等教育内涵式发展",①进一步提高了高等教育内涵式发展的地位。高等教育内涵式发展的实质就是要推动高等教育内在核心要素的发展,而高等教育的内在核心要素主要包括高校教育的核心价值取向即以人为本;高校教育的根本任务即立德树人;高校教育的工作中心即提高教育质量,合理配置教育资源,彰显高校特色文化。

综上所述,内涵式发展的实质就是要以某一事物的内涵发展为重心,这一概念经马克思、列宁等理论家的推动传入中国,在应用于中国社会经济、生态、教育等领域的过程中呈现了不同具体内涵。这些具体内涵的发展推动了内涵式发展的创新,尤其是高等教育内涵式发展,为高校思想政治理论课内涵式发展奠定了基础。

(二)高校思想政治理论课内涵式发展

2019年3月18日,习近平总书记在学校思想政治理论课教师座谈会上发表了重要讲话,他指出要"推动思想政治理论课建设内涵式发展"。继高等教育内涵式发展后,高校思想政治理论课内涵式发展又被提升到了重要地位,这也为高校思想政治教育的发展指明了方向和目标。因此,要推动高校思想政治理论课建设,首先要明晰思想政治理论课的内涵,以及高校思想政治理论课内涵式发展的具体要义。

高校思想政治理论课从字面意思理解主要是指提升受教育者思想理论认知、提高受教育者思想道德素质的课程,课程主要内容包括对受教育者进行马克思主义基本原理、思想道德修养等公共课程。从国家战略高度出发,思想政治理论课是落实立德树人根本任务的核心课程,在培养受教育者德行方面占据着举足轻重的地位;从社会主义意识形态出发,思想政治理论课是高举中国特色社会

---

① 习近平:《决胜全面建成小康社会 夺取新时代中国特色社会主义伟大胜利——在中国共产党第十九次全国代表大会上的报告》,北京:人民出版社,2017年版,第46页。

主义伟大旗帜和马克思主义鲜明旗帜的重要意识形态阵地。高校思想政治理论课在中国教育事业发展中发挥着无法取代的作用,高校思想政治理论课内涵式发展同样也不容小觑。

想要明晰高校思想政治理论课内涵式发展这一概念,需要建立在理解高校思想政治理论课和内涵式发展这两个概念的基础之上,但又不能仅仅等同于高校思想政治理论课与内涵式发展的总和。其一,高校思想政治理论课内涵式发展既要保持思想政治理论课自身的学术理论性,同时也不能失去重要的政治导向性。鲜明的政治属性是高校思想政治理论课的核心特质,高校思想政治理论课内涵式发展的首要任务就是要在对课程精准定位的基础之上,彰显其社会主义教育方向的优势。"无论是通过讲故事、讲历史还是讲理论的方式讲思政课,都要体现思政课的政治引导功能。"①因此,高校思想政治理论课要始终坚持教育目的是为国家培养具有坚定政治立场、自觉维护中国共产党领导、能够担当民族复兴大任的社会主义建设者。由此可见,在高校思想政治理论课内涵式发展的过程中,要确保马克思主义这面鲜明的精神旗帜始终屹立于课程的建设中;要确保习近平新时代中国特色社会主义思想等马克思主义中国化时代化的新理论成果能够真正走进教材,走入受教育者的学习和生活中。如此一来,立德树人的根本任务才能够不断地顺利落实,受教育者才能够在成长过程中心怀理想、坚定信仰、不迷失方向。同时,高校思想政治理论课中的理论内容是立德树人这一教育根本任务得以具体落实的载体。借用科学理论说服受教育者,以透彻的学术理论分析解开受教育者的疑惑,帮助受教育者树立科学的马克思主义观点、立场、方法,让受教育者拥有清晰的思维与较高的逻辑能力,在面对纷繁复杂的社会现象时,能够透过现象看本质,用批判性眼光发现问题、解决问题。其二,高校思想政治理论课内涵式发展要注重课程教学与实践教学的有机融合。高校思想政治理论课要精细化教学内容,创新教学方式。随着时代的不断发展,获取信息的手段也愈发变多,受教育者接受知识的途径不再是单一的,而是多元的。因此,面对变化的教学实际情况不能仅通过陈旧的填鸭式教学来满足受教育者的求知欲,而是要积极探索更加生动、有趣、富有启发性的教学方式,引导受教育者主动思考、积极探索,使课堂成为教育者与受教育者共同成长的舞台,真正做到课堂以学生为主体,发挥教师的主导作用。同时教育者不仅要注重科学理论知

---

① 习近平:《思政课是落实立德树人根本任务的关键课程》,《求是》,2020年第17期,第17页。

识的传授,更重要的是要将理论与受教育者的生活实际紧密相连,并且关注受教育者的现实需求,以此激发受教育者的探究兴趣,培养受教育者的问题导向思维。在注重课程教学的基础之上,也要注重实践教学。通过采用多元化的实践教学方式将高校思想政治理论课从教学课堂延伸至社会课堂。在课堂理论知识与社会实践活动结合的过程中,不仅能够让受教育者加深对理论知识的感悟,还能够学以致用,让受教育者在真实的社会中求索科学理论,真正实现小课堂与大社会的深度融合。

根据以上两个关于高校思想政治理论课内涵式发展的内容可以看出,高校思想政治理论课内涵式发展具有以下两个特征。其一,高校思想政治理论课内涵式发展坚持正道与推陈出新相统一。一方面,所谓坚守正道,便是要紧紧抓住在时代持续变迁、历史悠悠长河无尽洗礼之下,顽强留存、闪耀光芒的精华所在,这些部分都是被实践检验过的科学的部分,例如立德树人的教育根本任务、教育教学的发展规律等。除了要坚守被历史长河淘洗的部分外,更重要的是要坚守被历史与人民选择的正道,即中国特色社会主义道路、制度、理论与文化,这是能够不断加强高校思想政治理论课建设的基石。另一方面,在坚守正道的基础上要通过对思想政治理论课的内容与形式推陈出新来为高校建设注入强大动力。创新是民族进步的灵魂,创新发展是推动高校思想政治理论课内涵式发展的强劲动力。高校思想政治理论课创新要遵循客观规律,在中国教育事业的具体国情基础上,使教育内容结合时代精神与民族精神,课程结构按照教学条件及时调整,提升思想政治教育的质量与效率。其二,高校思想政治理论课内涵式发展深刻体现了教书与育人的双重融合。当前高校思想政治教育的过程中仍有许多问题亟需解决,例如过于偏重教学而忽视育人、过于重视智育而轻视德育、过度强调科研而轻视教学等诸多问题。因此,在推动高校思想政治理论课内涵式发展的过程中,必须坚持教书与育人的有机结合。高校思想政治理论课担负着培养社会主义建设者和接班人的重任,育人的价值指向是提升受教育者的思想道德素养,同时引导受教育者运用马克思主义的世界观与方法论去掌握并探索先进的科学文化知识,以促进大学生的全面发展,将他们培养成能够担当民族复兴大任的时代新人。

(三)"三全育人"助推高校思想政治理论课内涵式发展

高校思想政治理论课内涵式发展有两个核心要素:其一是"办好思想政治

理论课关键在教师"①,即高校思想政治理论课的教师;其二是思想政治理论课本身的内容与形式。想要确保二者都能发挥其作用,需要做好以下三点。第一,从全员育人视角出发,推动高校思想政治理论课内涵式发展,需要建立党和政府为管理育人提供保障的机制,高校对服务与环境育人的建设,社会与家庭对教书育人的支持,教师全员育人能力的提升。第二,从全程育人视角出发,规范宏观与微观的育人过程。第三,从全方位育人视角出发,联动教学课堂、实践课堂与网络课堂,拓宽思想政治理论课教学渠道。

从全员育人角度出发,有利于调动多方力量,凝聚全员力量共同推动高校思想政治理论课内涵式发展。其一,作为直接向受教育者传授科学理论知识、传播思想道德、塑造受教育者心灵的思想政治理论课教师既要对自己的职业有信心,对育人这一灵魂工程秉持使命感与荣誉感,又要有能力胜任这一工作。如此一来,能够为高校思想政治理论课的内涵式发展提供内在的、源源不断的动力。作为一名思想政治理论课教师,其目的是让受教育者树立正确的世界观、人生观与价值观,践行社会主义核心价值观,拥有坚定的政治立场。若想推动教育目标的实现,自身作为传授者首先要发挥在课堂上的主导作用。第一,必须具备高度的职业责任感、强烈的使命感以及面对困难时不屈不挠的韧性。受教育者具有"向师性",而教学具有示范性,因此想要让受教育者拥有坚定的理想信念,自身就要具备坚定的理想信念;想要让受教育者获取最新的理论知识,自身就要不断更新自己的知识库;想要让受教育者在枯燥的理论中找到学习的乐趣,自身就要综合受教育者年龄、成长环境等各种要素,因材施教地创造富有乐趣的内容。第二,必须提升思想政治理论课教师的综合素质,契合新时代对思想政治理论课教师的要求。首先,要严格制定高校思想政治理论课专任教师的选拔标准。随着素质教育的不断普及,近年来中国整体教育质量也在不断提升,作为培养新时代中国特色社会主义建设者的教师自然也应该满足新时代下对教师的要求。要从政治信仰、师德师风、专业理论和授课水平多角度综合考察,优中选优。其次,思想政治理论课教师入职后,高校要建立"充能站"以不断提升思想政治理论课教师的能力。可以通过入职前的统一培训、建立实践教育基地培训、举办职业技能竞赛、新老教师一对一帮扶等各种方式吸引教师主动参加培训,在实践中学习、在竞赛中成长、在合作中共同进步。其二,不仅要依靠内部动力推动高校思想政

---

① 习近平:《用新时代中国特色社会主义思想铸魂育人 贯彻党的教育方针落实立德树人根本任务》,《人民日报》,2019-3-19。

治理论课内涵式发展,也要借助外力来助推高校思想政治理论课内涵式发展。要建立党和政府对管理育人的保障机制、高校对服务与环境育人的建设体系、社会与家庭对思想政治教育的支持网络。党和政府要加大对高校思想政治理论课建设的帮扶力度,可以通过给予高校充足的资金补贴和人才资源,为高校思想政治理论课内涵式发展提供坚实的物质保障。同时出台相关政策,提高社会大环境对高校思想政治理论课的包容、接纳与重视程度,营造有利于高校思想政治理论课内涵式发展的舆论氛围。高校自身要发挥主观能动性,积极响应国家的号召,接受国家的帮助,做好高校思想政治理论课的建设,通过优化、整合教育资源等方式打造良好的育人环境。如此一来,全员育人能够充分结合内外部动力,共同致力于高校思想政治理论课内涵式发展的建设。

从全程育人视角出发,有利于规范宏观与微观的育人过程,推动高校思想政治理论课内涵式发展。思想政治理论课的授课过程从宏观出发有三个环节,分别是课程规划、课程实施和课程反馈环节;从微观出发也有三个环节,分别是备课、授课和评价环节。从宏观出发,推动高校思想政治理论课内涵式发展首要之事是科学地规划课程。要找准思想政治理论课在全部学科中,以及在国家教育事业中的定位,明晰思想政治理论课是落实立德树人这一教育根本任务的关键课程,也是培育新时代中国特色社会主义建设者的核心课程。因此,高校的领导干部要贯彻党和政府对于学科建设的方针与政策,合理规划课程设置,将思想政治理论课所要求的学科目标融入课堂教学、实践教学、校园文化等领域。其次,要精准落实思想政治理论课程的建设方案。高校领导班子要秉持问题导向原则,及时发现问题、分析问题并解决问题,保障课程内涵式发展的顺利推进;要积极响应国家教育兴国与人才强国战略,落实好对思想政治理论课的研究、教学、实践和教师队伍建设等各项任务。再次,要及时反馈课程的建设情况,建立完善的思想政治理论课推进效果的跟踪反馈机制,明确高校领导班子、任务落实与监督部门的主体职责,保障各部门各司其职、相互监督、共同负责,实现对高校思想政治理论课的闭环管理。从微观出发,推动高校思想政治理论课内涵式发展具体就是要确保备好课、上好课、做好评价这三大教学环节。备课这一环节中最基础的就是要准备好思想政治理论课的教学内容。教学内容既要有经典著作的底蕴,又要饱含时代精神。第一,教育内容中要有经典著作的融入。经典著作中最重要的就是马克思主义经典著作,其内容中既有对社会发展规律的科学认识,又有启迪思维的世界观与方法论。不仅能够丰富受教育者著作研读的经验,同时也为受教育者提供了科学看世界的角度。第二,要在思想政治理论课中融入中国红色经典文化。中国历史见证了一批又一批保家卫国的革命先烈所展现出的伟大革命精神,蕴含致力于推动中国实现现代化的艰苦奋斗精神,这些都能够充实教学内容,以真实的历史故事涵养受教育者的道德情操,让受教育者从历史文化资源中汲取力量,坚定对中国特色社会主义道路、制度、理论、文化的自信。第三,教育内容还要走进现实,体现时代精神,满足时代需求。在教育内容中加入身边小事、社会热点、国家大事、国际时事,让受教育者认识处于新时代中国下的我们,认识世界中的中国,进而认识世界、扩展眼界,真正让受教育者感悟思想政治理论课程的重要性,在培育受教育者的家国情怀的同时,让他们睁眼看世界。上课这一环节关键在于受教育者的听课效率,而课堂效率的高低绝大多数取决于教学方法运用得是否得当。根据受教育者的特点以及当前课程讲授的内容,因势利导地采取合作教学、探究教学、情景教学等多种方法,提高课堂的活跃度,提升课堂的效率。最后,为了能够保障下一堂课的效率,就要进行多元化评价,找到课堂中的不足,及时完善。通过量化的评价结果能够看到思想政治理论课的效率,通过质性的评价结果的反馈可以观察出每位受教育者思想道德方面的不足。依据上一次的评价结果,为新的思想政治理论课奠定良好的基础,在完善不足以及因材施教的前提下,能够更好地推动思想政治理论课内涵式发展。

从全方位育人视角出发,联动课堂教学、实践教学与网络教学,拓宽思想政治理论课教学渠道,进而推动高校思想政治理论课内涵式发展。"仅仅依靠平均每周不到3课时的思想政治理论课教学,是不太可能把大部分大学生培养成马克思主义者的。"[1]因此,要将课堂教学与实践教学结合,课堂教学与网络教学结合。第一,联动课堂教学与实践教学,向实践汲取一手资料,挖掘身边的思想政治教育资源。实践教学重要形式之一就是社会实践教学,除课堂学习外,还可以通过组织受教育者参观当地红色教育基地、历史博物馆,让受教育者在红色革命博物馆中直观地感受革命英雄为国捐躯的精神;通过鼓励受教育者积极主动参加大学生社会志愿活动、实习实训活动,让受教育者在亲力亲为中形成正确的思想道德认知。第二,联动课堂教学与网络教学,有利于推动信息技术赋能思想政治理论课内涵式发展。在信息技术的推动下,思想政治理论课能够超越时空的限制,实现教学资源的优化配置与共享。第一,线上的思想政治教学平台,提

---

[1] 陈锡喜、张濛:《推动高校思想政治理论课建设内涵式发展的要义和路径》,《思想理论教育》,2019年第11期,第66页。

供丰富多样的教学资料,包括经典文献、时事热点、案例分析等,这些资源的引入,不仅拓宽了受教育者的知识视野,还激发了他们的学习兴趣与主动思考的能力。第二,VR技术等的应用,使学生能够身临其境地感受历史事件与社会现象,从而加深对理论知识的理解和感悟。第三,信息技术还为思想政治理论课的教学效果评估提供了更为科学、客观的手段。通过大数据分析技术,思想政治理论课教师可以对受教育者的学习行为、成绩表现等进行实时监测与分析,及时发现教学中存在的问题与不足,并据此调整教学策略与方法。这种基于数据的精准教学,不仅提高了教学效率与质量,还为学生个性化学习提供了有力支持。

三、有利于办好人民满意的教育

教育是民族振兴和社会进步的基础,是关系国家重大发展的民生工程。习近平总书记在党的二十大报告中,站在"实施科教兴国战略,强化现代化建设人才支撑"[1]的高度,对办好人民满意的教育进行了顶层设计,充分展现了教育在国家战略布局上的基础性、先导性以及全局性地位。习近平总书记对办好人民满意的教育的重要论述是推动新时代教育事业发展的思想指引,在明晰人民满意的教育内涵与内容的基础之上,有利于以"三全育人"为人民满意的教育添砖加瓦。

(一)人民满意的教育的内涵

想要深刻理解人民满意的教育的内在涵义,就要在正确认识"人民""满意"的概念后,依据国家发展条件确定人民满意的教育的标准。"人民"在《汉语大词典》中的语义解释是"在社会中从事各种劳动的群众"[2]。具体到教育领域,教育者与受教育者是教育活动中的两个主体,教育者在教育中起主导作用,向受教育者传授知识,受教育者在教育活动中占主体地位。从这一角度出发,"人民"可以简单分为教育者与受教育者。如果把"人民"这一概念放入办好人民满意的教育语境中,就要将人民理解为中国广大人民群众。"满意"这一词语其实

---

[1] 习近平:《高举中国特色社会主义伟大旗帜 为全面建设社会主义现代化国家而团结奋斗——在中国共产党第二十次全国代表大会上的报告》,北京:人民出版社,2022年版,第33页。

[2] 罗竹风:《汉语大词典》第一卷,上海:汉语大词典出版社,1993年版,第1038页。

意为一种价值判断,是客体是否能够提升主体的体验的过程。人民满意的教育应该是能够满足广大人民群众需求的教育,具体在教育领域可以集中体现在是让教育者与受教育者满意的教育。时代是不断向前发展的,教育事业同样也会不断向前发展。因此,让人民满意的教育的标准也会随着时代不断改变。所以,办好人民满意的教育的内涵可以从两个方面进行概述。

其一,办好人民满意的教育,就是要满足人民群众对教育最基本的需求。办好人民满意的教育就是要让从幼儿园到大学各个阶段的孩子都能够接受教育,解决人民群众对于孩子教育的急难愁盼的问题;就是要让每个孩子都能够享有社会公平、教育公平;就是要让教育在城乡、地域、群体之间的差距缩小。作为为社会贡献力量的一分子应该享受平等权利,而教育公平能够促进社会公平。保障人民群众的基本教育需求得到满足,使其能够平等公正地接受教育,是办好人民满意的教育不可或缺的基础条件。所以,保障人民群众对教育的基本需求能够得到满足,每个孩子能够受到公平的教育,是办好人民满意的教育必不可缺的最基本条件。

其二,办好人民满意的教育就是要满足人民群众对教育的高质量需求。当前,我国无论是学前教育阶段还是义务教育阶段,教育的普及程度已经与高收入国家的平均水平接近,并且我国高等教育的普及程度已达到世界公认的普及标准。而当前国际竞争十分激烈,大国之间综合实力的比拼,说到底是人才的竞争、教育的竞争。我国当前处于"两个一百年"奋斗目标的交汇时期,因此,想要全面建成社会主义现代化强国,实现中华民族伟大复兴,就要将建设教育强国的号角吹响。科技是第一生产力,而人才是第一资源,所以要坚持科教兴国战略、人才强国战略,推动教育高质量发展。以此满足新时代下人民群众对美好生活的追求,满足人民群众对高质量教育的需求,提升人民群众的获得感与幸福感。

(二)办好人民满意的教育的主要内容

办好人民满意的教育的主要内容包括办好人民满意的教育的价值旨趣即以人民为中心、办好人民满意的教育的中心目标即立德树人、办好人民满意的教育的现实指向即推动教育公平。

其一,办好人民满意的教育的价值旨趣即以人民为中心。中国共产党始终秉持全心全意为人民服务的宗旨,以及立党为公、执政为民的执政理念。教育事业作为中国共产党事业中不可替代的重要部分,办好人民满意的教育应该遵循以人民为中心的价值导向。坚持以人民为中心的价值旨趣,是以人民为中心的发展思想在教育领域的具体体现。中国作为社会主义国家,教育事业必须坚持社会主义办学方向,其目的与归宿必然是最广大人民的根本利益。习近平总书记在中国共产党第二十次代表大会上指出"坚持以人民为中心发展教育"①,这更加说明办好人民满意的教育要坚持以人民为中心。第一,坚持以人民为中心,能够回应办好人民满意的教育是为了谁的问题。中国共产党带领中国人民建立新中国、开展建设社会主义、推动改革开放,直到如今中国进入新时代,中国共产党始终牢记初心使命,始终与人民群众站在一起。因此,办好人民满意的教育为人民,彰显了中国共产党始终代表最广大人民群众的根本利益。第二,坚持以人民为中心,能够解答如何办好人民满意的教育这一问题。办好人民满意的教育要坚持以人民为中心,这不能只是一句口号,而是要真真切切地贯彻到实践中。在推动教育事业发展过程中,需要着眼于人民群众急难愁盼的问题,关心人民的需求,回应人民的期待,提升人民群众的幸福感。第三,坚持以人民为中心,回应了办好人民满意的教育的检验标准问题。习近平总书记指出:"业绩好不好,要看群众实际感受,由群众来评判。"②所以,检验办好人民满意的教育是否坚持以人民为中心,衡量标准应当是人民群众是否切实享受到教育成果、教育公平是否真正惠及人民群众、人民群众是否在教育中真正获得成长与发展。

其二,办好人民满意的教育的中心目标即立德树人。教育即教书育人,不仅要传授专业知识,还要帮助受教育者树立正确的三观、培养他们明辨是非的判断能力、引导其践行社会主义核心价值观。立德树人是教育的根本目标,办好人民满意的教育应该以之为中心目标,贯彻中国共产党的方针政策,做到育人与育才相统一。响应建设教育强国的号召,应注重全体受教育者的全面发展,不单重视受教育者的学业成绩,还需关注其品格的锤炼、身心的健康发展,以及创新能力与实践技能的提升。

其三,办好人民满意的教育的现实指向即推动教育公平。教育公平是社会公平的重要组成部分,关乎社会的和谐与稳定,同时教育公平是由中国共产党的

---

① 习近平:《高举中国特色社会主义伟大旗帜 为全面建设社会主义现代化国家而团结奋斗——在中国共产党第二十次全国代表大会上的报告》,北京:人民出版社,2022年版,第34页。

② 中共中央宣传部:《习近平新时代中国特色社会主义思想学习纲要(2023年版)》,北京:学习出版社、人民出版社,2023年版,第73页。

初心使命即为中国人民谋幸福、为中华民族谋复兴,以及社会主义本质属性所决定的。中国人口众多,而教育资源分布不均,城乡、地域、群体之间教育质量存在较大差距。为了促进教育公平,中国共产党始终致力于通过重点提升欠发达地区和贫困地区的教育质量、推动教育基本公共服务均等化,让教育成果更多地惠及全体人民群众。

(三)"三全育人"为办好人民满意的教育添砖加瓦

办好人民满意的教育现实指向教育公平。当前我国教育仍然存在诸多问题亟需解决。因此,从全员育人角度出发,想要办好人民满意的教育应当构建政府、高校、社会协同的育人体系,达成全体人员共同参与,致力于推动教育公平。从全程育人角度出发,想要办好人民满意的教育应推动教育公平全过程化。从全方位育人角度出发,想要办好人民满意的教育可以借助信息技术助力教育资源全方位覆盖。

第一,政府、高校与社会共同致力于推动教育公平。其一,政府要为社会公平提供制度保障。政府通过制定以及执行相关法律法规以确保教育资源均衡,着重加大对农村、边远地区及贫困地区的帮扶力度,努力缩小城乡、区域间的教育差距。除此之外,政府还可以通过推动相关教育政策实施,如设立政府奖学金和助学金等方式,拓展受教育者通过自身努力获得教育资源的途径。其二,高校是落实教育政策的主阵地,在推动教育公平方面,高校贯彻国家的方针政策。可以通过扩大招生的规模、优化招生的结构、建立校企合作等方式,为更多家庭相对困难的受教育者提供接受高等教育的机会。其三,社会是推动教育公平的重要力量。企业、社会公益组织等社会各界可以通过捐赠、向受教育者提供志愿服务、对受教育者进行教育帮扶等方式,为教育公平贡献力量。通过联动政府、高校、社会的力量来推动社会教育公平,办好人民满意的教育。

第二,要办好人民满意的教育就要推动教育公平全过程化。其一,保障教育起点的公平,让义务教育惠及更多孩子。要确保凡是适龄儿童都能接受义务教育,要尽量保障其不因家庭经济状况、地域等因素而失去入学资格。其二,教育过程中要合理配置教育资源。面对农村、贫困地区,政府要相对加大教育投入,保障教育资源的均衡分配。此外,政府要关注特殊群体,对于进城务工人员的子女、留守儿童、残疾儿童等特殊群体要给予特别关注,确保他们能够平等接受教育,给予他们更多关爱与照顾。其三,通过建立公平的教育评价体系确保教育结果公平。严格把控奖学金、助学金、保研以及其他以成绩作为评定依据的奖项,同时避免过度依赖考试成绩作为评价标准,也要注重受教育者的综合素质发展。通过把关教育起点、教育过程以及教育评价的教育公平问题,保障教育公平全过程化的落实。

第三,以信息技术助力教育资源均衡化。当前我国高质量教育资源的供给方面仍存在问题与挑战,最关键的问题在于总供给不足以及教育资源分配不均衡。信息技术手段融入教育资源后能够打破传统意义上教育在时空上的限制,能够实现教育资源的共享与通用。如此一来就能够让教育资源薄弱地区通过信息技术实现对优质教育资源的使用,推动教育成果更快地惠及人民群众。此外,必须推动信息技术的应用,以此扩大优质教育资源的覆盖范围,逐步缩小区域与城乡之间的数字鸿沟,让教育资源真正实现全覆盖。

综上所述,构建政府、高校、社会协同的育人体系,能够促使全体人员共同致力于推动教育公平,保障教育公平的推进;推动教育公平全过程化,能够保障落实教育公平于教育的每个环节;推广信息技术,能够助力教育资源全方位覆盖。如此,便能够推动落实办好人民满意的教育的现实指向真正落地,让教育成果惠及大众,让每位受教育者都能够满意,让全体人民群众收获幸福感。

第四章

新时代高校思想政治教育"三全育人"的现实境况

2016年12月,习近平总书记在全国高校思想政治工作会议上首次提出"三全育人"概念,即全员、全过程、全方位育人。2017年12月,教育部党组发布《高校思想政治工作质量提升工程实施纲要》,提出要以"十大育人体系"推动"三全育人"发展;2018年5月25日,教育部办公厅发布《关于开展"三全育人"综合改革试点工作的通知》,开始在全国范围内选取92个试点院(系)、25个试点高校和8个试点区,启动"三全育人"综合改革工程。"三全育人"教育理念和教育格局的提出,最初是为了探索思想政治教育新机制、落实立德树人根本任务、解决教育领域发展不平衡不充分问题和培养高素质人才。经过这些年的发展,高校思想政治教育在探索"三全育人"模式和路径方面已经取得了一定的成绩。

一、新时代高校思想政治教育"三全育人"取得的成绩

"教育兴则国家兴,教育强则国家强。高等教育是一个国家发展水平和发展潜力的重要标志。"①新时代高校在"三全育人"理念引领下,思想政治教育工作取得了一定的成效,在育人主体素质、育人过程范围、育人方位空间等方面取得一定突破。"双一流"高校在探索"三全育人"方面相对来说走在前列,许多学校构建起较为完备的育人体系,同时将思想政治教育融入学生课余生活,提升学生的政治素养与社会责任感。各类学生组织蓬勃发展,在自我管理与服务中提升育人成效,形成了全方位、多层次、宽领域的育人格局。还有许多普通院校也在推动"三全育人"思想政治教育格局方面表现突出,有力推动了思想政治教育水平的整体提升,促进学生全面发展。

(一)育人队伍逐步壮大,专业化程度已有提高

进入新时代,随着"三全育人"综合改革的探索和研究,我国在全员育人方面取得了很大进步,其中最关键的成果主要包含校内校外育人队伍整体素质水平得到了一定改善。

一方面,校内育人队伍主体素质不断提高。"一流的育人队伍才能培养出优秀的人才,产出突出的成果。"②在教育事业蓬勃发展的当下,校内育人队伍主体素质的不断提高成为推动教育高质量发展的关键因素。首先,在思想政治教育理论素养方面,校内育人队伍不断深化对马克思列宁主义、毛泽东思想、邓小平理论、"三个代表"重要思想、科学发展观和习近平新时代中国特色社会主义思想的学习与研究。通过参加各类理论培训、学术研讨会以及自主研读经典著作,他们精准把握思想政治教育的根本遵循和理论精髓,能够运用科学的理论思维分析和解决学生在思想、政治、道德等方面遇到的问题,为专业化育人奠定坚实的理论基础。例如,在阐释社会主义核心价值观时,能够从理论溯源、时代内涵以及实践要求等多个维度进行深入浅出的讲解,引导学生从内心深处认同并践行这些价值准则。其次,教育教学方法的专业化改进是育人队伍素质提升的

---

① 习近平:《在北京大学师生座谈会上的讲话》,《人民日报》,2018-05-03。
② 刘莉莉:《高校师资队伍结构优化及其对策研究——基于世界一流大学的经验分析》,《东南大学学报(哲学社会科学版)》,2010年第6期,第126-136页。

第四章　新时代高校思想政治教育"三全育人"的现实境况

重要体现。育人者积极探索多样化、创新性的教学方法,如采用案例教学法,将社会热点事件、历史故事等鲜活案例引入课堂,激发学生的学习兴趣和思考热情;运用小组讨论法,组织学生围绕特定的思想政治议题展开讨论,培养他们的团队协作能力、批判性思维和表达能力;借助现代教育技术,如多媒体教学平台、在线教育资源等,丰富教学内容的呈现形式,增强教学的吸引力和感染力。这些方法的运用并非随意为之,而是基于教育学、心理学等学科的专业理论,根据学生的认知特点和学习规律进行精心设计和灵活调整,以达到最佳的教育教学效果。最后,心理咨询与辅导能力的提升也是育人队伍专业化的重要体现。面对学生在成长过程中出现的各种心理问题和困惑,校内育人者通过系统学习心理咨询理论和技能,掌握心理测评、个体咨询、团体辅导等专业方法,能够及时发现并干预学生的心理危机事件,为学生的心理健康保驾护航。例如:东北大学通过建立和完善培养优秀人才的体制机制,选拔和培养青年教师,充分发挥学术潜力,释放学术活力,增强学术动力。同时建立和完善了加强师德建设的长效机制,创建了理论教育、品牌活动、正向激励有机结合的教职工思想政治教育体系,设立了提高青年教师和教职工教学能力的工作室,通过正向激励促进主体素质不断提高。[①]

另一方面,校外育人队伍主体素质不断提高。随着社会进入新时代,"00后"孩子的父母很多都接受过高等教育,学历层次更高。他们更注重孩子全面发展,尤其是思想道德教育,这对于高校育人工作的开展极为有利。"只有家长在学校治理中的适度参与,才能使学校对家长参与有更多认可和接纳。"[②]许多家长摒弃了传统的简单粗暴或过度溺爱教育方法,转而学习科学的教育理念,注重孩子的品德培养、心理健康教育和综合素质发展。例如,在品德培养方面,家长以身作则,积极践行社会主义核心价值观,通过日常生活中的点滴小事,如尊老爱幼、文明礼貌、诚实守信等行为,为孩子树立良好的道德榜样,引导孩子树立正确的世界观、人生观和价值观。在心理健康教育方面,家长主动学习心理学知识,关注孩子的情绪变化和心理需求,能够与孩子进行有效的沟通交流,及时发现并化解孩子在成长过程中出现的焦虑、抑郁等心理问题,为孩子营造一个温

---

① 韩一凡:《新时代"双一流"大学"三全育人"综合改革路径研究》,郑州:河南工业大学,2023年,第26页。

② 张冉、张新平:《地方基础教育治理的本土化研究:现状与路径选择》,《教育理论与实践》,2018年第16期,第18-22页。

馨、和谐、充满爱的家庭成长环境,使家庭教育从单纯的知识传授向品德塑造、人格培养和情感滋养转变,为学生的未来发展奠定坚实基础。

以"双一流"高校为代表的一些办学优良的国内高校,校内外育人队伍主体素质不断提高,形成了家庭、学校、社会协同育人的良好局面,为学生的思想政治教育和全面发展提供了有力保障,开创了校内外育人工作的新局面,在学生成长的道路上发挥着不可或缺的积极作用,推动着思想政治教育事业迈上新的台阶。

(二)育人过程受到重视,育人范围不断扩展

进入新时代,随着高校"三全育人"综合改革的不断推进,全程育人方面取得了显著的成效,主要表现在全程育人中"程"的范围大幅度扩大。

一方面,育人范围向前延伸。"三全育人"工作覆盖教育教学全过程,从学生入学到毕业,时间上呈现持续性。新时代随着立德树人根本任务对人才培养更高要求的提出,以及育人工作精细化和精准化水平的不断提升,部分大学在"三全育人"的指导下将思想政治教育的范围向入学前不断延伸。例如,清华大学在邮寄录取通知书的时候会融入学校特色,为学生赠书或者寄语,以此来勉励学生不忘初心,让学生在未入学前就感受到学校的关怀。[①] 部分大学在学生入学之初,便邀请家长参与学校组织的新生入学教育活动,向家长详细介绍学校的培养方案、专业设置以及思想政治教育的目标与计划,让家长明白大学不仅是知识传授的场所,更是价值观塑造和人格培育的关键阶段。这使得家长在日常生活中能够与学校保持教育的一致性,引导学生树立正确的世界观、人生观和价值观。许多家长反馈,在参与学校的教育活动后,更加注重与孩子在思想层面的交流,会主动与孩子探讨社会热点问题,鼓励孩子积极参与社会实践和志愿服务活动,家庭逐渐成为学生思想政治教育的重要阵地之一,为学校教育提供了有力的支持与补充。

在各个教育阶段学校的衔接方面,高校积极与高中、初中乃至小学建立合作关系,开展"大中小学思想政治课一体化"建设活动。这些不同年龄段的学校"虽然思政教育目标具有一定的层次性,但整体层面又具有统一性,即共同目标

[①] 韩一凡:《新时代"双一流"大学"三全育人"综合改革路径研究》,郑州:河南工业大学,2023年,第27页。

都在于培育合格的社会主义建设者和接班人。"①大学教师走进中小学课堂,举办思想政治讲座、开展主题班会等,将大学的思想政治教育理念和前沿知识以生动有趣的方式传递给中小学生,激发他们对思想政治学习的兴趣和向往。同时,大学也为中小学教师提供培训,帮助他们提升思想政治教育教学水平,更新教育理念。这种衔接使得大学育人范围向前延伸至基础教育阶段,为学生在不同成长阶段构建了连贯且逐步深化的思想政治教育体系,让学生在进入大学之前就初步奠定了良好的思想道德基础,减少了大学思想政治教育的陌生感和突兀感,实现了教育的无缝对接。

另一方面,育人范围向后延伸。传统的育人理念认为,教育就是从入学到毕业结束,而在新时代"三全育人"理念下,一些大学会通过问卷调查、座谈会等形式定期调研毕业生的就业和升学情况,通过官方微信公众号或者抖音等自媒体推送学校各类消息等,让毕业生无时无刻不感受到母校的关心与关爱。吉林大学化学院打造毕业阶段"帮扶式就业教育"、创新"就业工作坊"、"云就业"等形式,邀请知名校友、企业精英来校做经验分享与就业指导等等。②这种育人范围终点向后拓展使"双一流"大学育人全程性得到了更好的保障。

随着"三全育人"的育人范围起点向前延伸、终点向后拓展,许多高校思想政治教育工作取得积极进展。因此,高校必须结合时代发展需求和社会发展背景,进一步纵深开展思想政治育人工作,拓展育人范围,打通育人环节,提升高校思想政治育人工作开展效果。

(三)育人空间持续开拓,由点连线持续发展

进入新时代,高校思想政治教育在全方位育人方面取得了显著的成效,主要表现在全方位育人中"方位"的空间大幅度拓展。

一方面,不断扩大思想政治教育工作的领域,包括提高思想政治理论课的教学效果,加强校内业务合作和社区协作等校外实践。社会资源的整合与利用为大学思想政治教育工作开辟了新的领域。学校与政府机关、企事业单位、社会组织等建立了广泛的合作关系,搭建了校外实践教学基地、实习实训平台等,让学

---

① 冷兰兰、刘衡:《大中小学思政课一体化的逻辑建构——以"马克思主义基本原理"为例》,《衡阳师范学院学报》,2022年第2期,第142-148页。

② 韩一凡:《新时代"双一流"大学"三全育人"综合改革路径研究》,郑州:河南工业大学,2023年,第27页。

生在社会实践中接触社会、了解国情,增强了社会责任感和使命感。各类社会机构也积极参与到大学思想政治教育工作中,通过举办讲座、培训、志愿服务活动等,为学生提供了丰富的思想政治教育资源和实践机会,拓宽了学生的视野和思维方式,促进了学生的全面发展。例如,中国人民大学组织博士生服务团,在延安等革命老区开展"健康扶贫"与"循环农业"实践调研活动,组建研究生支教团,赴中西部地区开展扶贫支教,让"社会大课堂"成为高校育人的丰富源泉。①这也表明了大学在全新教育背景下,能够通过拓展空间,灵活应用各种教育场景来实现全域协同教育,进而提高育人工作实效。

另一方面,在互联网技术普及应用背景下,思想政治教育工作的开展也不仅仅局限于课堂教育内容,而是打破了时间和空间的限制,能够在不同地理位置、不同时间节点灵活开展教育,育人工作的内涵也得到了进一步扩展。互联网跨越地域界限,使思想政治教育的空间得到极大拓展。通过网络直播技术,偏远地区高校的学生能够同步参与名校名师的思想政治公开课,聆听来自不同学术背景和地域文化的思想政治教育观点,共享优质教育资源,缩小了由地域差异导致的教育资源差距。虚拟实践教学空间的构建为思想政治教育增添了新的活力。"借助互联网来打造线上互动教学体系,并不是单纯地脱离原有的教学课堂,而是要建立在课上课下相结合的基础上,促使整体教学流程具有更强的变动性以及可调整性。"②学校与红色文化纪念馆、爱国主义教育基地等合作开展线上虚拟展览、云参观活动,学生们即使身处校园,也能身临其境地感受革命先辈们的英勇事迹和崇高精神,增强了思想政治教育的感染力与实效性,打破了实地参观实践教学中面临的空间距离和组织成本等限制。

线上教育资源的整合与利用极大地延长了思想政治教育的有效时长。以往,课堂教学时间有限,教师难以充分深入地阐述思想政治理论的丰富内涵与时代价值。如今,借助互联网平台,学生可以在课余时间随时随地访问各类精品思想政治课程视频,这些课程由国内顶尖思想政治教育专家录制,他们深入浅出地讲解马克思主义基本原理、中国特色社会主义理论体系等核心内容,使学生能够反复学习、加深理解,将思想政治学习从传统的固定课时延伸到生活的碎片时间

---

① 韩一凡:《新时代"双一流"大学"三全育人"综合改革路径研究》,郑州:河南工业大学,2023年,第28页。

② 周永红:《高职院校思政教育课线上互动教学模式探究》,《湖北开放职业学院学报》,2022年第16期,第74-76页。

中,让理论知识的汲取不再受限于课堂的四十五分钟。

同时,在线思想政治教育平台搭建起师生之间、学生之间便捷的沟通桥梁。"互联网既可为师生双方提供更多的信息资源,又可为思想政治教育搭建有效的互动平台。"①在课程论坛中,学生们针对社会热点事件中的思想政治问题展开热烈讨论,教师实时在线引导点评,激发了学生的自主思考能力和批判性思维。这种跨越空间的互动交流模式,使思想政治教育从单向灌输转变为多向互动,提升了学生的参与度与积极性,进一步强化了教育效果,真正实现了无论何时何地,思想政治教育都能如春风化雨般浸润学生的心灵,培育出具有坚定理想信念和高尚道德情操的新时代大学生,为国家发展和社会进步输送德才兼备的人才力量。例如,大连理工大学设置了一系列育人工作体系,推动高校思想政治育人工作有序开展,其"一组一刊一网一坛一微一宣"的教育模式灵活统合了线上线下教育内容,充分整合利用网络教育资源,有效提高了高校思想政治教育工作的实效性。当前,大连理工大学已经形成了以校融媒体为核心,多个不同等级层次新媒体平台共同发力的新媒体教育矩阵,其中包含校级新媒体平台共20多个,二级新媒体平台共200多个,形成了线上线下育人的"同心圆"。②

习近平总书记曾经指出:"大学对青年成长成才发挥着重要作用。高校只有抓住培养社会主义建设者和接班人这个根本才能办好,才能办出中国特色世界一流大学。"③全方位育人打破了空间的限制,为立德树人工作的广度和深度提供更广阔的空间。育人方位空间在互联网和社会实践基地的共同支持下,促使育人工作由点及面,不断发展。

二、新时代高校思想政治教育"三全育人"存在的问题

自2016年我国首次提出"三全育人"的教育理念和方法、2018年在全国选择试点院校逐步推进以来,现阶段我国绝大多数学校都已经高度认同"三全育人"的教育理念,有些学校在实践层面上通过一系列改革努力推动"三全育人"落到实处,如前所述,确实取得了一定的成绩。但是,从目前取得的实效来看,呈

---

① 孟娜:《基于双主体互动的思政教育路径创新》,《中学政治教学参考》,2020年第12期,第98页。

② 韩一凡:《新时代"双一流"大学"三全育人"综合改革路径研究》,郑州:河南工业大学,2023年,第28页。

③ 习近平:《在北京大学师生座谈会上的讲话》,《人民日报》,2018-05-03。

现出"双一流"学校改革的成效较为明显、大多数普通院校改变不明显;即使在已经取得一定成绩的"双一流"院校内部,也存在需要进一步创新改进的情况。目前,在思想政治教育领域不同院校之间"三全育人"发展的不平衡和几乎所有学校内部"三全育人"发展的不充分问题仍然存在。需要总结经验、深度反思,并且本着发现问题、解决问题的态度对现阶段我国高校思想政治教育领域"三全育人"仍然存在的问题进行全面梳理。

(一)育人主体功能性、协同性程度有待进一步提高

从"三全育人"的理念出发,高校中的所有人都有义务承担起思想政治教育的责任,高校辅导员、班主任、思想政治理论课教师和其他专业课教师、大学行政管理人员和后勤服务人员等都需要有角色意识和使命担当,包括学生群体自身也是育人主体。高校可以通过组建学生党支部、成立学生党员志愿者队伍以及设立专门工作小组等形式强化学生间的思想政治教育。在这一过程中,高校应当最大程度地发挥其专业教学团队和德育实践团队的独特优势和特点,同时也应加强对其他社会组织的指导作用,确保它们成为大学生思想政治教育的核心力量。充分发挥高校思想政治教育队伍在开展思想政治教育时的重要作用,坚持全员参与原则,参与教育的各方都需要紧密合作和共同努力,以提升思想政治教育在人才培养方面的协同效果。高校作为培养人才的摇篮,应当将思想政治教育融入日常管理工作之中。在高校里,行政管理和后勤部门不仅负责思想政治教育,还承担着学生管理的双重任务,它们构成了实施思想政治教育的核心支撑。目前,个别高校在培养人才的过程中缺乏足够的责任心和方法论,既未能充分调动所有教育主体的主动性和积极性,也尚未建立起所有教育主体的高效合作机制。

1.辅导员队伍专业化、稳定性和责任心有待加强

岗位工作的专业化水平是由社会分工的细致度决定的,这一原则在辅导员的岗位上也是适用的。辅导员的职业发展是一个漫长的过程,需要从理论学习和实际操作两个维度出发,持续提高自己的专业能力和综合素质,以满足当前高等教育改革的要求。在大学的思想政治教育活动中,辅导员的作用显得尤其重要。在高等院校中,辅导员扮演着学生思想道德教育者和日常生活管理者的双重角色。他们的职责意识、职业素质、知识水平和工作能力将直接影响到培养新一代大学生的成长成才。因此,强化大学辅导员团队的建设对于提升大学生的

第四章　新时代高校思想政治教育"三全育人"的现实境况

思想和道德修养,以及增强他们的整体素质具有极其关键的作用。在当前阶段,高等院校的辅导员团队建设已经取得了明显的成果,已经初步建立了一支政治和业务素质较高、职业道德修养良好、结构合理的高素质专业人才队伍,这对于推动学生的全面发展起到了至关重要的作用。尽管如此,辅导员的团队建设仍然存在很大的改善空间。

第一,辅导员队伍呈现年轻化趋势,其管理经验和教育水平有待提升。随着我国高等教育的日益普及,高等院校扩大招生规模已经成为一个明确的发展趋势。因此,高校应加大对青年教师的培养力度,使其尽快走上工作岗位并发挥积极作用。随着大学生人数的逐渐增加,辅导员的人数也相应地增加。从应届毕业生中挑选优秀者补充到辅导员团队,是壮大辅导员队伍的主渠道,这也给辅导员队伍持续注入新的活力。现阶段高校思想政治教育工作存在许多新情况和新挑战。比如,随着社会经济和文化水平的持续进步以及教育领域的不断革新,年轻学生的各种需求变得更为多元和高标准,同时也更加注重个性,传统的思想政治教育方式已经无法满足现代大学生的成长和发展需求;随着网络技术的飞速发展以及互联网的普及,越来越多的学生通过网络平台获取知识并进行学习和交流,传统教育模式下教师作为知识权威的尊严和地位在下降。学生还极容易受到各种外来思潮或观点的误导,这为高校学生工作带来新的挑战;而伴随社会节奏的加快、竞争的加强,学生群体的心理压力增大,患有心理疾病或心理问题的学生人数在增多,甚至不乏出现犯罪现象。这些都给高校稳定工作和辅导员工作带来巨大的挑战。但是,年轻的辅导员在日常生活和社会经验上显得相对不足,这使得他们在遭遇突发或紧急状况时,难以为大学生提供行之有效且有针对性的指导和帮助。

第二,辅导员队伍的流动性过快,育人队伍的稳定性受到影响。在目前我国高校的辅导员队伍中,年轻教师占了绝大比例。有以下这些原因导致稍微年长一些、有经验一些的高校辅导员逐渐选择离开辅导员队伍:首先,许多年轻的辅导员在当初选择就业岗位时,是因为对高校辅导员的岗位相对于其他职业而言更为熟悉而选择,并非真心热爱。但是在从事辅导员工作以后,对其工作性质难以承受,更认为自己无法胜任立德树人根本任务,一有机会便选择离开。其次,目前我国高校辅导员的职业薪酬普遍偏低,特别是相对于其高强度的工作节奏、高意识形态风险性的工作压力和高输出的情感投入而言,其薪资待遇较低,也造成了大量人才的流失。最后,高校辅导员职位更偏向于行政性质,晋升职称比较困难,其职业成长空间十分狭窄。许多辅导员在经验和能力增长以后晋升到学校的管理岗位上,离开学生管理一线;还有许多辅导员在继续求学或深造之后选择转为教师岗或离开高校。以上诸多原因造成了高校辅导员队伍的流动性过快,虽然总有源源不断的新生力量补充进来,但是辅导员队伍无法变成一个能够储蓄有经验的成熟人才的"蓄水池"。这将给学校的学生管理工作和思想政治教育工作的稳定性带来很大的冲击。

第三,辅导员的工作繁杂,育人效果有待提升。目前,我国许多高校当中专职辅导员数量偏少,不能完全承担起对学生进行思想政治教育和日常管理工作的重任。根据教育部的规定,专职辅导员和大学生之间的比例至少应该满足1∶200①。但在实际的高校办学过程中,许多高等院校很难满足配置要求,这导致出现一名辅导员管理几百个学生的混乱情况。不仅辅导员人数严重不足,而且其工作任务还十分繁杂。高校辅导员的核心职责涵盖了学生的思想政治教育、学生党支部建设、学生的心理健康管理、学生的科学研究、校园文化建设、就业相关事务以及各种实践活动等。高校中辅导员既是大学生生活学习的指导者,也是高校学生管理工作的组织者。他们既要协助任课教师做好班级工作,又要负责对学生进行思想品德培养。除了这些,他们还必须按照学校、各院系或领导的要求,负责处理如学生出勤、奖励评选、卫生检查、学费追缴等诸多事务,这导致辅导员"事实上的责任无限、工作上的无底线,权责不明晰、边界不清楚,也导致了工作任务的随意性"②。多重角色和多量任务撕扯着高校辅导员,使他们身心俱疲。在这种情况下,其投入思想政治教育工作中的时间和精力就变得十分有限,许多工作流于形式。

2.思想政治理论课教师的育人功能有待增强

习近平总书记指出:"办好思想政治理论课关键在教师,关键在发挥教师的积极性、主动性、创造性。"③思想政治理论课教师肩负着教育和培养学生的重任,他们在"三全育人"教育团队中处于核心地位,但是其发挥的育人功能并不充分,某些时刻、某些方面还存在偏差。

第一,过于看重理论教学,相对忽视实际应用。高等院校高度重视大学生的

---

① 单晓春:《高校思想政治教育工作新视界》,北京:人民出版社,2011年版,第63页。
② 宋美娴、苏亚玲:《对高校辅导员工作职责的重新思考》,《思想政治教育研究》,2007年第4期。
③ 习近平:《思政课是落实立德树人根本任务的关键课程》,《求是》,2020-09-01。

思想政治教育,配备专业的思想政治理论课教师来传授专业的理论知识,确保学生能够掌握必要的思想政治理论和方法,以期增强学生的思想理论素养,引导他们坚持正确的政治立场,培养良好的道德品质,并形成独立的人格。但是从当前我国高等教育发展情况来看,在进行大学生思想政治教育的过程中,思想政治理论课教师更多是把思想政治理论课当成一套有着经典的理论渊源、有着完整的理论体系的思想理论知识来传输,更多是在理论体系自身的起承转合、来龙去脉中去解释理论。许多时候,思想政治理论课教师自身都缺乏对学术前沿、时代问题和实践难题的热切关注,更缺乏用理论阐释现实、回应现实和解答现实问题的能力。由此,思想政治理论课教师的授课有可能造成脱离实际、脱离应用、脱离对象的境遇。"一切教学都来自生活。思想政治教育要结合中国特色,不断加强对思想政治教育理论和实践的研究"①,但事实上,许多时候教师对于大学生关心的多种思想上、政治上和社会上的热点问题,包括如何建立自己的信仰和理想,以及如何在理想和现实之间找到平衡等实际问题,无法作出解答。

第二,过度重视智力教育,相对轻视其他教育。大学思想政治教育应该贯彻"三全育人、五育并举"。这里的"五育"包括德育、智育、美育、体育和劳动教育,尤其以其中的德育为思想政治教育所特长。大学思想政治教育的目标应该实现"知、情、意"的三者结合,这里的"知"指知识教育,"情"指情感教育,"意"指意志力教育,是通过对思想政治理论相关知识的学习,增强对中国共产党的领导、中国特色社会主义道路和无产阶级人民群众的情感认同,并增强坚定信仰、抵御风险、回击敌人的坚强意志力。然而由于受传统应试教育理念的影响,部分学校的思想政治教育还主要集中在理论讲解和知识灌输上,忽视了对学生道德及其他方面的培育和指导。教师在课堂授课环节只琢磨如何将思想理论知识传授给学生;课下环节缺少对学生心理、品德和行为习惯的引导;课程结束时也只是以卷面考试为主要的考查手段,将考试作为衡量教学效果的唯一标准。对理论知识或学术论文的考核只能反映出学生在知识层面上的掌握程度,但它并不能真实反映学生在思维方式、政治观点、道德修为和心理韧性等多个维度上的收获。既不能反映出学生真正的能力水平,又因为缺乏反馈机制和激励机制而无法反映出教师的授课水平。长此以往,就会继续造成教师过度重视智力教育,相对轻视其他教育的局面。

---

① 顾海良:《新时代高校思想政治教育的理论指导和发展理念——学习习近平新时代中国特色社会主义思想》,《思想理论教育导刊》,2018年第1期,第4-10页。

第三，高度依赖教师讲授，缺少其他教学方法的补充。如何增强思想政治理论课的教学效果已经成为众多教育者必须深入思考和应对的问题。许多优秀的学校已经开始探索提升思想政治理论课教学效果的途径，采取多种教学方式活跃课堂、增强认识、丰富体验。但是仍有大量学校由于师资、场地、资金和观念等方面原因，仍然采取教师单方面讲授的方式完成教学。思想政治教育的知识传授固然需要教师的讲授，但是随着我国教育理念的改变，我们已经认识到在课堂教学中教师和学生是双主体，必须同时调动二者的主体性和积极性，共同参与到课堂活动中来。并且，从传播学的角度来说，课堂教学属于知识的传播活动，传播的效果和到达率与传播主体、传播途径和传播对象三者都密切相关。要想获得良好的传播效果，从传播的主体角度来看，思想政治理论课教师还需要丰富自己的专业理论知识、夯实自己的授课本领、端正自己的教育态度；从传播的途径角度来看，可以实现教学空间的多样化，比如到研讨室进行案例分析，或者到社会中进行实践教学等。可以运用现代教学工具增强教育的可视性和审美度，比如运用数字技术赋能思想政治理论课教育教学，或者在课堂教学中穿插情境表演等。从传播对象的角度来看，应该充分尊重学生也是课堂教学中的主体，要认真分析大学生群体的认知水平、心理特点、接受程度和兴趣喜好等，增加课堂的趣味性、体验感，还可以通过翻转课堂等形式让学生成为主讲人。但是，目前许多学校没有充分挖掘传播途径的多样性和传播对象的特殊性，只有思想政治理论课教师在前面千篇一律、乏味单调地讲授知识，造成学生不愿意听课，从而导致他们产生隐性的逃课行为，即"课堂里的聋子"。

3. 职能部门的服务育人功能薄弱

"服务育人中的服务，不仅仅指后勤部门为学生提供的服务，高校育人的各个环节都具有服务育人的意义，都应纳入服务育人的体系中"①，除了后勤部门以外，财务会计、安全保卫和办公室等部门的员工组成的专业团队也是育人团队的重要补充，他们之间的高效合作为高等院校的思想政治教育工作提供了坚实的支撑。高校各职能部门的主要任务是围绕培养合格的社会主义建设者和接班人这一中心目标开展各项活动，为其提供必要的物质和技术支持以及后勤保障，并通过这些活动来共同完成育人目标。在实际的执行过程中，高等院校职能部门的服务育人功能发挥得并不充分。

---

① 岳修峰：《普通高等学校"三全育人"研究》，北京：社会科学文献出版社，2018年版，第128页。

第四章　新时代高校思想政治教育"三全育人"的现实境况

一方面,服务育人观念淡薄。高校的管理服务水平在一定程度上反映出高校的办学水平,因为它直接体现了高校管理者是否重视教学、是否一切以育人为中心任务、是否愿意为提高育人实效提供足够的设施保障和服务保障。学校教育的健康成长在很大程度上依赖职能部门的服务。但是,很多学校中许多职能部门人员未能足够认识到自身也是育人体系中非常重要的一员。他们将行政和育人分割开来,将管理和服务对立起来,只将自己看作一名行政管理部门的工作人员,而未能扛起自己身上的育人使命。在他们心中,各个学院的学生主要是由其所在学院的教师、辅导员负责教育的,自己并不是一线育人主体;而他们在面对学校的教师群体的时候,又会认为自己是管理者,教师群体需要按照职能部门下达的行政命令完成任务,而对于自己应该服务于学校育人重点任务的角色定位则模糊不清。许多职能部门的教师并不是因为没有育人能力,只是单纯因为对自己也是育人主体的观念认识不足,而影响了其育人功能的发挥。

另一方面,服务育人效率不高。高校服务育人效果的发挥受制于许多因素。目前,我国高校服务育人水平总体来说不够完善。首先,一部分学校尚未形成比较成熟的制度化育人规范。各个高校的服务育人工作虽然已经开始逐步展开,但是因为许多学校的相关规章制度尚处制定、论证和修改阶段,还未生成或开始运行比较成熟的育人制度,不能紧跟时代与社会的发展需求,所以导致很多行政、管理和服务部门人员无法明确自己的育人职责。其次,高校缺乏对相关人员进行必要的育人培训,对这部分工作的重视程度不够。再次,由于服务育人效果比较难以量化考核,所以缺少行之有效的考核体系和奖惩制度,致使相关职能部门工作人员不重视育人效果。再者,部分职能部门工作人员缺乏无私奉献精神,只是将工作视为谋生的手段,只围绕个人实际利益开展工作,对于服务他人缺乏热情。最后,各服务育人部门之间存在各自为政、协同性不强的局面。目前,大多数学校的行政管理部门、教务管理部门和后勤保障部门在运行过程中是分开运作、缺乏联系的。有时候会造成资源分散或交叉或错配,有时候又会造成服务功能上的空白。"由于管理体系、运行机制、人员结构、考核目标、评价指标都不尽相同,很容易出现'各自为政'的情况,导致系统之间的行为协作存在的问题。"[①]这些部门未能形成育人合力,会造成育人效率低下、育人效果弱化的情况。

---

① 朱小芳:《当前高校思想政治教育工作协同机制研究》,《学校党建与思想教育》,2018年第3期,第18页。

(二) 育人过程贯通性程度有待进一步加强

在高等院校中,育人工作应该从学生入学时便开始抓,并在教育、学习、日常生活和就业等多个领域中持续贯彻。这一过程可以向前延伸到入学前的暑假,在招生宣传、送递入学通知书等环节中就已经可以将本校的办学特点、育人理念、育人成绩向同学们进行传递,从而在学生心目中种下育人的种子。育人的过程可以持续到学生毕业时,甚至可以延伸到学生就业以后,影响其一生。但其中最为集中和最为重要的是学生在校期间的系统性教育。高校的育人工作离不开对在校大学生进行思想政治教育。在高校整个的教育过程中,大学生的思想政治教育被视为最为关键和最为基础的育人环节,同时也是一个需要长时间和巨大努力才能见效的综合性项目。高校开展思想政治教育必须要与日常教学活动相融合,才能使其真正起到促进学生健康成长成才和全面发展的作用。但是,在高校贯彻"三全育人"的过程中,其各个教育阶段衔接的流畅性或其中某个教育阶段育人环节的横向畅通性,还存在一些问题。

1. 某些育人环节中存在思想政治教育的缺位

按照"三全育人"的教育理念,高校思想政治教育应该贯穿教育全过程,"高校始终坚持把学生成长作为主线任务,长期、不间断地对学生开展思想政治教育"[①]。但是,在高等院校的思想政治教育实践中,并未做到全过程、全覆盖,某些环节存在缺位,某些环节之间的连贯性也相对较弱。大学教育是一个分阶段的学习旅程,它被划分为新生入学、大二至大三、即将毕业三个不同的阶段。对于学生而言,每个阶段都有自己阶段性的挑战,而高校思想政治教育应该出现在每一个环节当中,然而某些时候高校思想政治教育并未能完全渗透进去。

新生入学阶段是大学生思想波动和心理起伏比较剧烈的阶段。他们对自己的大学生活充满憧憬,但也会产生紧张情绪。他们实现了高中阶段的奋斗目标,会感到无比激动;他们踏入新的学校,心中会充满向往;他们离开了熟悉的环境,可能会感到茫然;他们面对不同于高中应试教育的新教育模式,可能会陷入困惑;他们离开父母和高中教师的管教,可能会逐渐变得迷失。在这些时候,某些学生的思想、心理和情绪就可能出现淤堵,如果不能及时地疏导,就有可能出现心理问题或心理疾病。"某矿业大学心理健康研究表明,焦虑抑郁成为多数新

---

① 杨碗:《新形势下高校全员、全过程、全方位育人的内涵及路径研究》,《北京教育(高教)》,2018年第10期,第55页。

生的重要心理问题。"①这就要求高校教师重视大学生的心理健康教育。大部分学校会在新生入学环节中穿插一节心理健康教育课程或者专题报告,帮助和引导大学生顺利度过成长转折期。但是这与大学生真正的心理需求相比,往往显得远远不够。比如有的学生由于进入一个新群体,不好意思暴露自己的心理困惑,而选择压抑自己的心理需求;再比如,很多入学心理教育是由大学辅导员作为主讲人完成的,绝大多数大学辅导员并非专业的心理学教师或专家,只能通过阅读文章、布置任务或者提出倡议等方式完成一些形式上的教育和关怀;抑或者,有些学生在刚刚入学阶段心理问题尚未积累到心理疾病的程度,但是在后续学习和生活中可能日渐突出,而许多学校中的教师在做完一次心理辅导以后就中断了后续的持续关注,导致错过发现问题和解除病痛的最佳时机,往往带来更大危害。虽然高等院校已经意识到心理健康教育的重要性,但是常常由于缺乏重视、缺少师资和缺失耐心而做得不足,丧失了培养健全人格和全面发展的时代新人的初始机会。

  大二至大三阶段是思想政治素养养成的关键时期。在这一阶段虽然学生们已经适应了新的生活环境并积极地融入了新的生活方式,但他们仍然会面临新的成长挑战,例如价值观的培养、道德观念的塑造、意识形态的建构、思想观念的确立和心理品质的提升等。这些问题如果得不到及时关注,将直接影响到大学生今后的发展方向。在大二至大三阶段,重点是通过思想政治理论课的传输渠道向同学们进行知识、情感、意志方面的培养。"办好思政课,就是要开展马克思主义理论教育,用新时代中国特色社会主义思想铸魂育人,引导学生增强中国特色社会主义道路自信、理论自信、制度自信、文化自信,厚植爱国主义情怀,把爱国情、强国志、报国行自觉融入坚持和发展中国特色社会主义、建设社会主义现代化强国、实现中华民族伟大复兴的奋斗之中。"②一个健全的思想政治课程框架能够有效地提升学生的认知能力,促进政治教育的社会化,加强他们的道德修养,并增强他们在社会环境中的适应性。但是,目前国内高校思想政治理论课的育人效果未能达到"三全育人"的标准,比如存在育人主体能力欠缺、意识淡薄、理念陈旧等问题;存在育人方法单一、育人渠道狭窄、课程分量不足等问题;

---

① 武娜娜:《高校思想政治教育"三全育人"研究》,石家庄:河北师范大学,2020年,第23页。

② 人民日报评论员:《全力培养社会主义建设者和接班人——论学习贯彻习近平总书记全国教育大会重要讲话》,《人民日报》,2018-09-15。

还存在育人环节不畅通、不能形成育人合力等问题,导致高校学生在最关键的大二至大三阶段所受到的思想政治教育也不充分。

在即将毕业的这一阶段,大学生们已经基本掌握了所学的专业知识,准备开始寻找工作机会,以便为未来进入社会做好全方位的准备。近年来一方面高校扩招导致毕业生数量增多,而另一方面社会经济下行压力大导致就业岗位缩减,产生了供大于求的社会矛盾,给学生带来了沉重的就业心理压力。虽然高等院校为学生提供了多样化的职业指导课程和就业信息,比如有些高校已开设"职业生涯规划"课程,旨在培养具有良好职业素养和职业技能的人才,但是仍然无法彻底解决供大于求的矛盾,无法实现百分百的就业率,也无法缓解学生们的竞争压力和就业压力。其实学校应该在这时候多召开就业形势说明会,多向学生传递新的就业观念和最新的市场统计数据。这些均需要学校先行做出大量市场调研,可是学校未必愿意在这方面投入必要的时间、精力、人员和资金。另外,学校还应该对即将毕业的学生做好除了职业规划以外的职业道德教育、社会公德教育,多关心安抚即将毕业的学生的情绪和心理。但是,现实情况往往比较复杂,许多学生在毕业前可能因为实习或找工作的原因,已经早早离开学校。这就使得此时的毕业指导会、说明会或心理疏导会变得困难重重,从而使得毕业时的思想政治教育呈现出"分散、断裂,以及过分形式化和表面化"①的状态。本该由学校教育向社会教育延伸的职业追踪、职业反馈就更加形同虚设。

2.课上教育与课下教育存在断裂

全程育人要求高等学校要重视每一个育人环节,充分挖掘每一时的育人效果,并且要注重每一个环节之间的流畅衔接。然而事实上我国思想政治理论课教育教学过程中还存在着课上教育与课下教育的多处断裂。

第一,教学内容与现实生活联系较少。思想政治这门学科的主要目的是通过向学生灌输特定的思想观念、政治立场和道德标准,提升他们的认知能力,为他们指明前进的方向,确保知识和行动的完美结合,并深挖他们的内在潜能。因此,在我们的日常学习活动中,不应只是关注理论知识的学习,应该将思想政治课的内容与实际生活相结合,以提高其实用性,并让学生在日常生活中体验到该课程知识的吸引力。其实,理论性的学习确实需要跟社会现实和日常生活保持一定的距离感,不应该跟着社会热点亦步亦趋,应该在适度的冷静和旁观中沉淀

---

① 魏守宽、郑宝:《新时代"三全育人"理念下高职实习生思想政治教育简析》,《卫生职业教育》,2019年第19期,第34页。

出其真相和实质,去粗取精、去伪存真,以必然性和规律性为运思方向。但教师有必要向学生阐明理论与现实的密切关系,理论并非以其"高高在上"来漠视现实、否定现实,真理性的认识背后往往蕴含着对于社会现实生活的热切关注和深沉热情,要回答时代之问、解决实践之难、满足人民之需,理论与现实是相辅相成、紧密关联的。另外,理论性的学习不只是要武装头脑,最终要能够提高人们的生活能力。尤其是思想政治理论课的学习,更是为人们认识世界、解释世界和改造世界提供思想武器和理论武器。马克思在《关于费尔巴哈的提纲》里指出,相较于"解释世界",哲学们更应该关心如何"改变世界"。可是在现如今的思想政治理论课的教育教学过程中,还存在一些教师照本宣科,未能将理论背后深层次的实践根基、生活指向和应用场景挖掘透、解释透、运用好。同时,还有一些思想政治理论课教师在教学中不善于将学生日常生活中接触较多的内容融入课程中,进行深入浅出的讲解,致使学生总感觉思想政治理论课与自己的生活脱节,丧失学习热情。

第二,课堂教学时间和课余学习时间都有缺陷。大学生在校时间除了上课以外,还有大量的课余时间。目前在我国的高校教育中,一方面,即使是上课总时间,其中用来学习思想政治理论课的时间也十分有限,导致思想政治理论课的课堂时间占大学生学习时间的比例非常低。大学生思想政治理论课属于高校公共课,是通识性教育,在大学生的心目中其重要性远远低于自己的专业课,所以导致绝大多数大学生在思想政治理论课上的学习精力投入普遍偏低。即使部分勤奋好学和积极要求进步的学生会在思想政治理论课上认真学习,也较少有学生会在课后加强复习或补充学习,导致学生思想政治理论课的学习效果和接受程度都大打折扣。另一方面,目前我国高校中还普遍存在缺乏有效利用课余时间来加强思想政治理论课的补充学习的成熟做法。思想政治理论课教师无法深入学生的课余时间中去进行课堂教学的延伸,无法引导学生在课余时间持续接受正面教育和系统教育,大学生在课余时间缺少约束和引导,致使"思政课教师出现'单兵作战'的局面,课上与课后还没有形成长效有序的衔接机制,出现短板或者中断的情况,无法完全做到'全程育人'"[①]。

3.寒暑假期间教育相对欠缺

无论是专本生还是硕博生,除了在学校完成指定的课程,还享有国家法定节

[①] 张青、张波:《高校思想政治教育协同育人机制研究》,《学校党建与思想教育》,2017年第23期,第28页。

假日和长达三至四个月的寒暑假。由于受多种因素影响,许多高校对寒暑假这一特殊阶段的学生管理比较松散,存在着许多问题,给高校学生管理工作带来一定难度。

第一,在寒暑假期间,思想政治教育的频率明显不足。部分学校或教师对寒暑期的管理不到位。许多学校和教育工作者对于假期并不给予足够重视,有些甚至觉得这是不必要的。在寒暑假中,部分学生选择外出打工,部分学生倾向于回家,部分学生和朋友们一起外出游玩,只有极少数学生选择留在学校继续他们的学业。在寒暑假期间,多数教师无法保证每天按时上班,导致其很少有机会与留校学生进行交流和讨论,更不方便与离校的学生进行必要的沟通,思想政治教育的内容也很难有效地传达给学生,这使得育人的功能失效。而且,在放假期间学生们可能会遇到形形色色的人,这些人的思维模式、心理状态和行为模式都有可能在他们毫无察觉的情况下影响到他们。如果不注意对其心理变化情况进行观察分析,就不能很好地开展思想政治工作,甚至有碍大学生的健康成长。

第二,在寒暑假期间,思想政治教育的方法显得不够有效。当学生在学校时,思想政治理论课被视为对大学生进行思想和道德教育的主要途径之一。相对而言,思想政治教育的方式并不是单调的,它可以通过多种方式和渠道展开。它不仅有理论灌输,还可以通过各种活动来培养学生良好的心理素质和道德情操,使之成为一个身心健康的人。这有助于及时引导学生的思维,帮助他们抵抗不良的诱惑,消除他们的心理障碍,并实现全面的教育目标。而在寒暑假期间,教育工作者常常无法使用传统的教学方法,只能使用手机或在线工具进行关心指导,这导致了思想政治教育的碎片化。当教师采用在线教学方法时,他们很难准确掌握学生的思考模式和行为习惯,这导致了教育实践中的针对性不足。相较于在校学习阶段,在寒暑假这段时间里,高校思想政治教育所采用的教育方式显得较为单一,其功能存在断档,不仅没有成为在校期间思想政治教育的有力补充,反而可能使以往的教育成果被弱化。

(三)育人空间开放性程度有待进一步拓展

立德树人是高校育人工作的起点和落脚点。为了达到这一目的,国家提出"三全育人"的理念和措施,其中全方位育人针对的是目前高等院校思想政治教育实践中,对于育人空间的开发和利用尚未完全到位,导致未能形成一个多方协同、不断开放的思想政治育人空间。

第四章　新时代高校思想政治教育"三全育人"的现实境况

1. 文化育人内容欠缺,容易受到环境冲击

文化在塑造学生的精神世界和道德品质方面发挥了不可替代的作用。文化育人是高校德育的重要组成部分。文化教育不仅内涵丰富,还需要学校在继承和创新的过程中持续进行探索。但是,近些年由于受到消费主义、功利主义、个人主义等的影响,以及专门讲授文化类课程的缺失,许多亚文化传播给学校的文化氛围带来了挑战。

第一,文化教育的内容结构不够系统化。文化修养被视为社会进步和个人发展中不可或缺的关键要素之一。"广大青年要成为实现中华民族伟大复兴的生力军,肩负起国家和民族的希望"①,就要弘扬主流文化,抵御不良文化的侵袭。高等院校应当主动回应党中央的号召,加强主流文化的教育和推广。然而,高等学校往往优先为学生设计专业技能课程,却常常缩减了主流文化课程的比重。主流文化元素尚未构建成一个完整的、独立的课程体系,文化元素的教育主要分布在思想政治理论课程中,并常常通过各类主题活动以及讲座和论坛来进行展示。我们必须构建一个独立的课程体系,增加文化教育的比重,让文化教育和思想政治理论教育相辅相成,只有这样我们才能真正达到全面育人的目标。

第二,学校的文化氛围不够完善。学校的文化环境可以是开放和包容的,它不局限于某一种文化,而是允许其他文化的传播和发展,这导致了粉丝文化、古风文化、雅痞文化等亚文化的广泛流行。亚文化在学校内部得到广泛传播,并展现出强大的受众群体,这不仅破坏了学校的整体文化环境,还损害了积极的校风,对学生的价值观造成冲击,并破坏了他们的良好行为习惯。虽然校园文化可以多元,但不等于每一种文化都可以等量齐观、同等重要。我们必须在多元文化发展中举起主流文化的旗帜,以主流文化涵养校园文化发展。整肃亚文化传播,加强主流文化与校园环境的整合,以及优化校园文化环境,已经成了高等院校文化建设的核心议题。

2. 实践育人重形式化,导致运行低效

自古以来东西方的教育思想中就存在着是"学以致知"还是"学以致用"的争辩。传统的教育观念认为理论知识的意义和重要程度高于实践活动,"以内容为中心"的观点长期占据上风,致使高校教育中一度出现理论教学与社会生活严重脱节的弊端。

---

① 习近平:《在北京大学师生座谈会上的讲话》,《人民日报》,2018-05-03。

一方面,实践活动过于形式化。在高等院校中,实践教育的种类繁多,其中包括"以思想政治为中心的爱国主义教育、生产劳动教育等,以社会服务为中心的四进社区、环境治理等,以产学研相结合为中心的校企联合、实践基地等,以学生社团发展为中心的志愿活动、社会公益等"[1]。看似实践活动的形式多样、丰富多彩,但是有些时候一些学校在进行社会实践时,并不能将实践活动与学生能力培养和素质提高相结合,要么选择的活动形式不匹配,要么活动的内容不恰当,要么活动的意义未深挖,致使学生不能很好地受到教育,而只是疲惫地辗转于各种活动现场,既使得社会实践活动流于形式化,又造成了精力、体力、物力和财力的浪费。

另一方面,实践活动运行方式并不高效。目前,高校还未建立起一套完善的实践育人制度机制,实践育人管理与运行体制尚不够健全,仍然缺少一个科学且高效的操作流程。部分高校缺乏明确的、成文的、经过多次检验行之有效的规章制度,部分学校缺少稳定长效的运行保障措施。目前,关于实践活动的责任体系也不明确,学校、院系和教师各自的角色定位和职责分工边界不清。组织、监督、评价等机构的设置也不够规范。特别是教师的潜能还没有完全展现出来,很多学校都面临着实践指导教师短缺、实践经验不足的问题,"难以在主题众多、形式各异的社会实践活动之间进行宏观规划"[2]。各种原因致使目前高校中普遍存在实践教学环节运行效率不高、活动效果不好的情况出现。

3. 科研育人作用薄弱,科研管理体系有待改进

科研育人的核心宗旨是通过深度的科学探索来培养教师和学生高尚的学术道德、坚定的政治立场和对真理的科学追求精神。一方面,希望教师和学生在参与科学研究的过程中感受自然界和人类社会不以人的意志为转移的真理的客观性;另一方面,希望教师和学生在参与科学研究的过程中树立以知识服务人民、服务国家、服务时代的爱国心、报国情和人民观。所以,科学研究的过程是一个求真、求善和求美相统一的过程,是一个真理尺度和价值尺度相统一的过程,它应该成为高校育人体系中非常重要的一环。然而,目前我国高校的科研育人环境并不成熟,对于教师而言,常常出现科研与教学相脱节的情况,或者产、学、研

---

[1] 武娜娜:《高校思想政治教育"三全育人"研究》,石家庄:河北师范大学,2020 年,第 26 页。

[2] 冯刚、王树萌:《思想政治教育研究热点年度发布》,北京:团结出版社,2018 年版,第 131 页。

相脱节的情况,致使高校教师的科学研究价值大打折扣;对于学生而言,目前只有硕士生和博士生有机会参与导师的研究课题,本科生很难有参与科学研究、感受科学之美的锻炼机会。要想提高我国高校科研育人水平,还需要解决很多问题。

第一,科学研究与人才培养相互独立。在高等教育中,教师承担着培养高素质人才的重任,所以"建设政治素质过硬、业务能力精湛、育人水平高超的高素质教师队伍是大学建设的基础性工作"①。高校科学研究既包括学术研究,也包括教法研究,通过科学研究可以促进高校教育教学水平的提升。但是,目前在有些高校中,存在思想政治理论课教师过分强调科研而忽视育人,将科研与育人相分离的情况。高校在评估教师综合素质、进行业绩考核和晋升职称等环节中,由于科研成果容易量化比较,又能够为提升学校的综合排名作出贡献,所以造成从学校层面到教师层面都更加重视科学研究而轻视教育教学的情况。为了获得利益而从事的科学研究,并不符合科学家求真的初衷,既损害了教学,又违背了科学精神。而对于绝大多数本科生而言,他们能够受到育人的教育,却没有机会参与科学研究,无法在科学研究中检验自己学习的知识,也无法在科学研究中发现新知。得不到应用知识所带来的正反馈,学生学习理论知识的热情则会受到影响。以学促教、以研促改的联动机制未能建构起来。

第二,科研管理体系需要进一步完善。目前,高校科学研究领域存在诸多问题,比如重申报、轻管理,重成果、轻人才等问题;再比如,存在科研经费管理缺乏规范和约束,造成科研项目资金使用低效等问题;再比如,科研投入不足、科研成果转化不畅等问题也时有出现,这些"肠梗阻"都制约科研育人效果的发挥;再比如,有些高等院校没有出台针对科研人才的培养政策和激励机制,导致某些思想政治理论课教师缺乏科研热情。由于缺乏有效的科研育人考核机制和评价机制,教师在科研育人方面的成效难以进行准确评估,是高校科研育人效果不佳的重要原因。

---

① 习近平:《在北京大学师生座谈会上的讲话》,《人民日报》,2018-05-03。

第五章
新时代高校思想政治教育"三全育人"的优化路径

为了贯彻落实全国高校思想政治工作会议精神和进一步推动高校思想政治教育"三全育人"发展,2017年12月中共教育部党组发布《高校思想政治工作质量提升工程实施纲要》,指出要充分发挥课程、科研、实践、文化、网络、心理、管理、服务、资助、组织等方面工作的育人功能,挖掘育人要素,完善育人机制,优化评价激励,强化实施保障,切实构建"十大育人体系"。"十大育人体系"从具体的育人领域出发,构建了覆盖学生学习、生活等方面的育人网络,拓宽了育人的广度与深度,是"三全育人"理念的细化和落实。2021年新修订的《中华人民共和国教育法》第五条提出教育必须为社会主义现代化建设服务、为人民服务,必须与生产劳动和社会实践相结合,培养德智体美劳全面发展的社会主义建设者和接班人。新时代高校思想政治教育的落脚点在于立德树人,因此可以从"十大育人体系"出发促进"三全育人"理念的实施与优化。

一、抓住"主心骨",找到"三全育人"工作的中心和重点

高校思想政治教育工作是一个系统工程,需要统筹多方力量,打通各个环

节,形成系统合力。但是在推动"三全育人"工作提质增效的过程中,各个要素的地位和作用是不同的。其中,课程育人和科研育人是"三全育人"工作的中心和重点。

(一)发挥课程育人功能

课程是大学最微观的核心要素。课程育人将思想政治教育元素融入各类课程,实现知识传授与价值引领相统一,引导学生形成正确的价值观、道德观与人生观,增强社会责任感。

1. 课程设置科学化:明确育人导向

高校思想政治教育要优化课程设置,符合学生发展阶段的规律。高校教育教学改革需要通过课程建设与改革来实现,课程建设涉及面广,需要找到合适的突破口和关键抓手。课程的建设与改革只有符合学生发展规律才能达到育人的目的。马克思曾指出:"人的本质不是单个人所固有的抽象物,在其现实性上,它是一切社会关系的总和。"①高校学生作为处于特定社会环境与成长阶段的群体,其思想认知与价值塑造深受周围环境及自身发展进程的影响。因此,高校思想政治教育课程设置必须尊重学生成长不同阶段的发展规律。

对于低年级学生,他们刚从高中步入大学,从基础教育向高等教育过渡,正处于价值观初步成型且对世界充满好奇与探索欲的阶段,思想观念具有较强的可塑性。此时的课程可侧重于基础理论与理想信念的启蒙式教育,引导学生逐步接触马克思主义的相关理论,做好思想上的衔接工作。可以通过真实的人物案例和校园实践活动,引导学生初步树立正确的价值取向,培养集体主义观念和爱国主义情怀,在他们心中播撒思想政治教育的种子,为后续深入学习筑牢根基。而高年级学生经过前期的学习积累,知识储备和思维能力有了较大提升,且即将面临社会角色的转变。此时课程设置应更注重理论与实践的结合以及对社会现实问题的深度剖析。可以增加校外实践课程,组织学生参与社会实践调研、社区服务等活动,让学生在实践中理解思想政治教育在社会治理中的作用,将所学知识内化为自身的素养和能力,从而更好地适应社会需求,在未来的职业岗位和社会生活中践行思想政治教育的要求,为社会发展贡献力量。学生在实践与思考中深刻体会马克思主义的科学性与真理性,真正实现高校思想政治教育的

---

① 中共中央马克思恩格斯列宁斯大林著作编译局:《马克思恩格斯选集》第一卷,北京:人民出版社,2012年版,第135页。

育人目标,为社会主义现代化建设培育合格的接班人。

高校思想政治教育要实现知识传授与价值引领有机融合,明确育人导向。党的十八大报告明确提出"将立德树人作为教育的根本任务"。习近平总书记在《与北京大学师生座谈会上的讲话》中进一步明确:"'才者,德之资也;德者,才之帅也。'人才培养一定是育人和育才相统一的过程,而育人是本。人无德不立,育人的根本在于立德。"①因此课程设置中要时刻注重价值引领的重要性。知识传授构建学生的认知框架,价值引领则塑造学生的精神内核。在知识传授过程中,不能仅停留在概念阐释与理论分析上,而应深入挖掘其中蕴含的价值导向。依据马克思主义唯物史观,人类社会的发展是有规律可循的,这一规律认知的传递可以和培养学生对社会发展的责任感与使命感相结合,这种融合既明确育人导向又完成知识的传递。

价值引领不只局限于思想政治课堂,应如春风化雨般无声浸润在各个学科课程的实践中。"课程是国家意志的集中体现,承载着教育思想、教育目标和教育内容。"②因此学科课程也必须明确立德树人的根本任务,实现思想政治教育与专业教育的有机融合。在课程设计阶段,应当深度剖析学科知识体系中的思想政治教育隐性资源。例如,在理工科的专业课程中,可以通过引入科技伦理等内容,培养学生的科学精神和职业道德;在人文社科类的专业课程中,可以加强对学生人文涵养和批判性思维的培养,提升其综合素质和社会责任感。在医学课程中探讨医疗资源分配的伦理困境,培育学生的社会责任感与职业道德。在师资队伍方面,高校应构建系统的思想政治教育培训体系,帮助教师将思想政治教育理念从外部要求转化为自觉的教学实践。通过参与思想政治教育学术研讨会等活动,教师能够精准把握思想政治教育与学科课程结合的理论前沿与实践策略,进而在课程中渗透思想政治教育元素,实现知识传授与价值塑造的有机统一。

2.课程资源协同化:拓宽育人渠道

习近平总书记在学校思想政治理论课教师座谈会上的讲话中强调:"我们办中国特色社会主义教育,就是要理直气壮开好思政课。同时,要挖掘其他课程

---

① 习近平:《在北京大学师生座谈会上的讲话》,《人民日报》,2018-05-03。
② 崔允漷、雷浩:《中国基础教育课程改革的70年历程——从规范为先的教学体系到育人为本的课程制度》,《人民教育》,2019年第22期,第50页。

和教学方式中蕴含的思想政治教育资源,实现全员全程全方位育人。"①高校思想政治课程要协调一切课程资源为学生教育助力、为学生成才服务。

高校思想政治教育要将思想政治教师、专业课教师、辅导员协同,整合课程教育资源。课程思政的建设与实施是一项系统工程,涉及思想政治教师、专业课教师、辅导员三个主要方面,需要加强顶层设计,统筹规划,实现三者协同育人。三者虽然各自侧重点不同,但都以立德树人为共同目的,形成一个紧密的教育共同体。思想政治教师作为思想政治理论的专业阐释者,为学生构建起坚实的思想政治理论框架;专业课教师能够深入挖掘专业知识背后所蕴含的思想政治元素,将思想政治教育巧妙地融入专业知识的传授之中;辅导员作为学生日常思想政治教育工作的主要承担者,与学生保持着最为密切的接触。课程思政作为价值观教育,绝不是某一个学科能够胜任的,必须以辩证思维设计各类课程的教学环节,促进多学科的互动交流。

要实现这三股教育力量的协同合作,整合课程教育资源,高校需建立健全协同育人机制。首先,应搭建常态化的沟通交流平台,如定期召开科研会议、开展联合教研活动等,促进思想政治教师、专业课教师和辅导员之间的信息共享与经验交流。借助交流平台,三方可以共同探讨思想政治教育与专业课程的结合点、学生思想政治教育的重点难点问题,制定协同育人的方案与计划。其次,构建科学合理的评价激励机制,将协同育人工作纳入教师的绩效考核体系,对在思想政治教育协同工作中表现突出的教师给予表彰和奖励,激发教师参与协同育人的积极性与主动性。通过协同整合资源,能够将思想政治教育贯穿于学生学习与生活的全过程,避免思想政治教育的碎片化与空洞化,使思想政治教育更加贴近学生实际,从而提高学生对思想政治课的接受度与认同感,增强思想政治教育的实效性。

高校思想政治教育要实现课程物质资源与精神资源协同。物质资源为思想政治课提供了具象化的教学依托,诸如精心编写的思想政治教材、完善的多媒体教学设备、建设中的思想政治教育实践基地等,这些物质资源使抽象的思想政治理论有了直观呈现的可能。教材以系统的知识架构梳理思想政治内容,教学设备能通过图片、视频等形式展示案例与史实。精神资源是思想政治课的核心灵

---

① 习近平:《思政课是落实立德树人根本任务的关键课程》,《求是》,2020年第17期,第8页。

魂所在，赋予思想政治课深刻的思想性与导向性。它们引导学生树立正确的世界观、人生观和价值观，激发学生的爱国情怀与社会责任感。两者协同，在物质资源的运用上要彰显精神内涵。例如在教材编写中深度融入精神资源，使文字生动；在实践基地的活动设计中充分体现精神导向，让学生的实践有思想引领。精神资源的传播要借助物质载体。利用物质资源的丰富性与多样性，将精神资源生动地传递给学生，如通过多媒体设备以故事片、纪录片的形式讲述精神资源背后的故事。只有实现课程物质资源与精神资源的协同，高校思想政治课才能兼具理论深度与实践温度。

（二）发挥科研育人功能

习近平总书记指出："要在全社会大力弘扬追求真理、勇攀高峰的科学精神，加强国家科普能力建设，切实推进科教融汇，培育具备科学家潜质、愿意献身科学研究事业的青少年群体。"[①]高校需要积极开展科学实践活动。这不仅能够锻炼学生的科研能力，而且能够培养他们开拓进取、精益求精的工作作风。科研活动应与课程学习和实践锻炼紧密结合，确保学生在实践中深化理论知识、提升实际操作能力。高校需要在科研育人的过程中加强思想道德教育和思想价值引导，培养学生树立正确的世界观、人生观与价值观。

1. 充分发挥导师关键引领作用

高校科研是一项具有长期性、复杂性的工作。无论是科研思维培养还是实验数据监测都需要持之以恒的坚持，在漫长的科研之旅中可能会面临许多失败曲折，因此导师作为领路人对于学生科研而言极为关键。高校科研的长期性决定了其面临诸多挑战，科研工作往往并非一蹴而就。从开始训练科研思维、培养发现问题的能力，到中期深入问题，再到最终的成果呈现，每一步都需要师生协作。

在科研管理层面，导师协调团队内学生的分工合作。科研项目往往需要多人合作完成，不同专业背景、不同性格特点的学生会聚在一起。导师要引导学生学会尊重他人意见，发挥各自优势，形成良好的团队氛围，齐心协力才能将每个学生的优势发挥出来。导师在科研过程中培养学生的集体主义精神和团队合作意识，在许多大型科研项目中，需要无数科研人员紧密合作，各尽其责，才能完

---

① 习近平：《加强基础研究实现高水平科技自立自强》，《人民日报》，2023-08-01。

成。导师可以通过相关的案例,让学生深刻理解团结就是力量,在科研团队中相互支持、相互促进,共同为实现科研目标而努力,同时在长期的合作中提升自身的人际交往能力和团队协作素养,为今后走向更广阔的科研舞台或社会领域奠定坚实的基础。

在情感层面,导师需要培养学生至诚报国的理想追求与不畏艰难的科研态度,坐得住科研的"冷板凳"。科研过程很少是一帆风顺的,虽然前途是光明的,但路途中布满荆棘险阻。面对这些困难挫折时,导师可以通过讲述科研先辈们在长期研究过程中克服重重困难的事迹以及自己应对这些负面情绪的措施与经验,激励学生迎难而上,树立正确的科研态度,将科研过程视为磨砺自我的过程。"不弃微末,久久为功",科研需要不竭的毅力,每一次于细微之处的坚持都在积蓄成功的力量,坚韧不拔、百折不挠的精神能够帮助每一位学子在科研路上展现属于自己的风采,而导师作为科研路上驱散黑暗的火把发挥了重要作用。

在科研思维与技术层面,导师应注重培养学生的创新思维与独立思考能力。科研需要创新,而不是简单地重复已有的内容。导师可以组织科研小组讨论,鼓励学生提出不同的观点和见解,引导他们在尊重已有科研成果的基础上敢于质疑、勇于探索。在这个过程中,要融入思想政治教育元素,让学生明白创新对于国家科技进步和社会发展的重要性。例如,我国在一些关键核心技术领域面临"卡脖子"问题时,通过创新突破这些瓶颈是当代科研人员的使命担当。要通过科研训练使学生在科研中不仅追求个人学术成就,更注重为国家和社会服务,培养学生的社会责任感和家国情怀。

2. 高效推动科研实践成果转化

习近平总书记在清华大学建校110周年校庆日即将来临之际,到清华大学考察时指出:"一流大学是基础研究的主力军和重大科技突破的策源地,要完善以健康学术生态为基础、以有效学术治理为保障、以产生一流学术成果和培养一流人才为目标的大学创新体系,勇于攻克'卡脖子'的关键核心技术,加强产学研深度融合,促进科技成果转化。"①科研最终要转化为实践成果造福人民。

将科研成果转化纳入统一评价机制,鼓励并嘉奖重视科学研究的师生。传统的科研评价往往侧重于学术论文发表、项目完成等直接的科研产出,而忽视了科研成果在育人方面的潜在价值。这种片面性导致科研与教学在一定程度上脱

---

① 新华社:《习近平在清华大学考察》,https://www.ccdi.gov.cn/toutiao/202104/t20210419_239920.html,2014-4-19。

节,科研成果未能充分服务于人才培养,也未能充分转化为实践成果。"哲学家们只是用不同方式解释世界,而问题在于改变世界"①,因此必须将这一因素加入考核机制,鼓励师生在开展项目研究时关注实践成果的落实。同时评价机制的统一为科研活动提供了明确的价值导向,教师在开展研究时,会更加自觉地思考如何使研究成果更具育人功能,进而在科研实践中主动融入思想政治教育元素。这不仅有利于培养学生的科研能力,更能在潜移默化中提升他们的思想道德素养和政治觉悟。

搭建科研育人平台,为实践成果转化提供现实可行途径。促进科研成果落地,需要校企协同搭建平台。高校应举办各类学术讲座、科研论坛、学科竞赛等活动,鼓励学生积极参与,营造浓厚的科研氛围,激发学生的创新热情与竞争意识。组建科研社团也是重要途径,鼓励学生依据不同学科兴趣组建科研社团,学校给予场地、资金与专业指导支持。社团内部定期开展学术研讨、论文写作、科研成果分享等活动,形成良好的科研交流生态。并且,社团可与教师科研团队联系,选派优秀学生参与其中,在真实科研环境中锻炼成长。构建科研资源共享数据库,整合校内学术论文、科研项目资料、实验数据等资源,依据学生的年级、专业、科研水平等进行精准分类与智能推送,实现科研资源利用最大化,为学生科研探索提供数据支撑与知识导航。

校企合作为科研成果转化提供重要平台。企业为高校提供实习实践基地,学生借此深入生产研发一线,了解行业实际需求与技术瓶颈,将所学理论应用于实践并寻找科研创新突破点。双方还可共同联合开展科研项目攻关,在合作中让学生学习企业的高效研发管理模式与前沿技术应用。产学研融合进一步拓展科研育人空间,高校与科研机构、企业协同创新,形成科研合力。校外的科研竞赛、学术交流活动等也是重要平台,学生在竞赛中与不同高校、企业团队交流切磋,在学术交流中了解学科领域国际前沿动态,开阔科研思维。

3.注重科研与课程衔接协同育人

完善的课程体系为科研育人提供有力支撑。高校应将最新科研成果融入课堂教学,让课程蕴含前沿科研知识与创新思维元素。

更新与优化课程内容,传统课程内容往往侧重于知识的静态传授,科研育人要将科研动态趋势及时融入课程体系,将科研成果融入课程内容。例如,在高校

---

① 中共中央马克思恩格斯列宁斯大林著作编译局:《马克思恩格斯文集》第一卷,北京:人民出版社,2009年版,第506页。

思想政治教育专业课程中,教师可将国内外关于思想政治教育理论与实践的最新科研成果,如新媒体环境下思想政治教育的创新模式、跨文化交流中的价值观传播等内容引入课堂教学,使课程内容始终保持鲜活性与时代性。这不仅让学生能够接触到学科领域的前沿知识,更能激发他们对未知领域的探索欲望,为后续的科研创新奠定基础。思想政治教育专业的科研成果丰硕,教师应将前沿的科研成果融入课程内容之中。例如,在马克思主义中国化课程中,融入对习近平新时代中国特色社会主义思想的最新研究阐释,帮助学生深刻理解其内涵、意义与实践要求,增强课程内容的时代性与深度。同时依据思想政治教育专业的科研方向与重点,构建相应的课程模块,设立思想政治教育跨学科研究模块,整合社会学、心理学、法学等多学科知识与思想政治教育的交叉研究成果,拓宽学生的学术视野,培养他们综合运用多学科知识解决思想政治教育问题的能力。

在教学方法上,科研与课程衔接推动教学模式从单向灌输向互动探究式转变。教师可以基于科研项目设计教学环节,引导学生参与科研问题的研讨。在此过程中,学生学会运用科研思维与方法去分析问题、解决问题,其自主学习能力、批判性思维得到有效锻炼,同时也增强了团队协作精神与沟通表达能力。教师在教学过程中以科研问题为导向,引导学生积极思考与探索。在讲授思想政治教育方法论课程时,提出与之相关的前沿科研问题,然后组织学生分组讨论、查阅文献资料、撰写小论文等。在这个过程中,学生不仅能够深入学习思想政治教育的方法理论,还能初步掌握科研的基本流程与方法,培养科研思维与团队协作能力,加深对课程知识的理解与掌握。通过优化课程内容与创新教学方法,实现思想政治教育专业科研与课程的有效衔接以协同育人,有助于培养出具有扎实专业知识、较强科研能力和创新精神的思想政治教育专业人才,为推动思想政治教育学科的发展以及提升思想政治教育的实效性奠定坚实的基础。

二、找对"坐标系",做到课上课下、校内校外统筹协调

要想做好"三全育人",深度挖掘和拓展育人领域和渠道,就要打破课堂教学的限制,进一步深度开发实践育人和网络育人的功能与效用,统筹协调课上课下、校内校外各种资源。

(一)开发实践育人功能

习近平总书记在全国教育大会上指出:"注重运用新时代伟大变革成功案

例,充分发挥红色资源育人功能,不断拓展实践育人和网络育人的空间和阵地。"①书本知识带来的教育是平面的,而世界是生动立体的,因此思想政治教育不仅要专注于理论与知识点的讲授,更要注重实践对学生教育的深远影响。耳闻之不如目见之,目见之不如足践之。高校思想政治要通过实践教育帮助学生将书本所学知识内化于心、外化于行,真正做到知行合一。

1. 坚持理论教育与实践养成相结合,注重实践多样性

高校思想政治理论课的教学不应只局限于传统课堂,相较于课堂中的道理讲授,让学生切身体会理论的生成与实践过程更为有效。实践课应当结合各专业特色,加强与理论学习的联系。单一的专业发展路径并不适应新时期行业特色高校创新创业人才的培养,多学科交叉融合的人才培养体系是当前形势的必然选择。因此,实践育人应在多方面开展,在拓宽学生知识面的同时,加强新兴交叉学科的培育和融合,提升学生在多学科领域的创新创业知识储备和能力。

例如,在社会调查实践"三下乡""返家乡"等项目中,学生可以运用社会学的问卷调查、田野调查等方法,深入了解实践过程中不同社会群体的思想观念、价值取向和行为模式。通过对社会中不同群体现象特点的研究,可以更好地把握思想特点与需求,从而制定更具针对性的宣讲策略。在社区实践中,结合社会学相关的理论,组织学生参与社区治理项目,将思想政治教育融入社区文化建设、邻里关系调解等工作中,引导居民树立正确的价值观和道德观,促进社区和谐稳定发展,同时也让学生在实践中深刻理解思想政治教育在基层社会治理中的重要作用,激发学生学习理论的兴趣。还可以将心理学与思想政治教育相结合,分析活动对象的表情、肢体语言等辅助教育以达到更好的效果。例如,针对当前国家的乡村振兴战略,学生可以深入农村地区进行实地调研,了解农村产业发展现状、农民生活水平变化、乡村文化建设情况等,分析乡村振兴面临的问题和挑战,并提出建议和对策。在调研过程中,学生能够深刻认识到国家政策对农村发展的重要性,增强对国家战略的认同感和责任感。

在校内,开展与思想政治教育有关的社团与实践活动,"青马工程"以其丰富多元的实践活动,在高校育人体系中发挥着不可替代的作用。社团可以组织成员前往红色教育基地,开展红色研学实践。学生们在亲身实践中感受革命先辈们的英勇事迹与奋斗历程,深刻领悟马克思主义的精神内涵与价值追求,坚定

---

① 习近平:《紧紧围绕立德树人根本任务朝着建成教育强国战略目标扎实迈进》,《人民日报》,2024-09-11。

理想信念,将个人理想与国家命运紧密相连,成长为信仰坚定的时代新人。在实践锻炼环节,社团组织各类志愿服务活动。在社区关爱孤寡老人,为他们送去生活物资,提供陪伴与帮助。积极参与环保公益行动,宣传垃圾分类知识,参与植树造林等活动。这些实践可以让学生们增强社会责任感,提升服务社会的意识与能力,深刻理解奉献的快乐与意义,培养吃苦耐劳的品质。事后可以以社团为主体进行经验分享和知识传递。同时培养学生的组织与领导能力,鼓励学生在校园文化活动、社团组织中担当组织者与领导者角色。从活动策划到执行,学生们在实践中学会统筹协调资源、有效沟通团队成员、灵活应对突发情况,全面提升综合素质与领导力,为未来走向社会奠定坚实的基础。

学生在实践中接受思想洗礼、锻炼综合能力、明确社会责任,为党和国家培养具有坚定信念、高尚品德、过硬本领的青年马克思主义者,在高校人才培养与社会发展进程中发挥着极为关键的作用,是推动青年成长成才、助力社会进步的重要力量源泉。

2.拓展学生实践平台,完善支持机制

实践育人不仅需要学生、教师的共同努力,更需要学校完善实践平台并提供制度支持。

一方面,校内实践基地的建设发挥重要作用。思想政治理论课是对大学生进行思想政治教育的主渠道,其实践教学平台的构建至关重要。学校应设立专门的思想政治理论课实践教学中心,配备完善的教学设施和资源,如多媒体展示设备、案例资料室等。教师可组织学生开展课堂辩论活动,针对当前社会热点的思想政治议题,让学生分组进行辩论。这不仅能够加深学生对理论知识的理解,还能锻炼他们的逻辑思维和表达能力。同时,开展情境模拟教学,模拟相关场景,使学生在身临其境中运用所学思想政治理论进行分析和决策,提升他们的实践应用能力和应变能力。此外,党团组织在思想政治教育中发挥着引领示范作用。学校可开展"党员先锋岗"实践活动,组织学生党员深入校园各个角落,如在图书馆协助管理秩序、在食堂监督餐饮卫生等,以实际行动践行党的宗旨,发挥模范带头作用,影响和带动周围同学树立正确的价值观和服务意识。团组织举办实践拓展活动,增强团员青年对党的历史和革命精神的理解与认同。

学校可设立专门的思想政治教育实践中心,模拟真实的社会场景与道德情境,如社区服务场景、职场冲突情境等,让学生在其中进行角色扮演与问题解决。通过组织主题演讲比赛、思想政治知识竞赛等活动,为学生提供展现自我与深化

第五章　新时代高校思想政治教育"三全育人"的优化路径

知识理解的舞台。同时,鼓励学生参与校园文化建设,在校园活动策划与组织过程中融入思想政治元素,从活动主题设定到具体环节安排,都充分体现思想政治教育的导向性,使学生在实践中提升思想境界与组织协调能力。

另一方面,校外实践拓展不可或缺。与社区建立长期稳定的合作关系,组织学生参与社区治理工作,如社区文明宣传、邻里纠纷调解等活动,增强学生的社会责任感与人际交往能力。积极与各类企事业单位合作,开展职业体验与思想政治实践调研活动,让学生了解不同行业的职业道德规范与文化氛围,在实践调研中深入剖析社会现象背后的思想政治内涵,使理论知识与社会实际紧密结合。学校与校外单位合作建立社会实践基地,如与当地的博物馆、纪念馆等文化机构合作。以博物馆为例,可组织学生参与博物馆的文物整理与研究工作,在接触历史文物的过程中,深入了解国家的历史变迁和文化传承,让学生深刻体会到中华文化的博大精深,增强民族自豪感。同时,学生可以参与博物馆的讲解工作,将历史文化知识传递给更多的观众,在服务社会的过程中提升自己的表达能力和文化传播意识。此外,搭建国际交流实践平台,选派优秀学生参与国际文化交流活动或国际志愿者项目,拓宽学生的国际视野,培养学生在全球化背景下的跨文化交流能力与开放包容的思想观念,在国际舞台上传播中国特色社会主义思想文化。

完善的支持机制是保障思想政治教育实践活动顺利开展与持续发展的重要基础。从制度层面出发,学校应制定详细且具有可操作性的思想政治教育实践活动管理办法,明确实践活动的组织流程、考核评价标准以及安全保障措施等。建立健全实践活动的经费保障制度,设立专项经费并确保经费合理分配与有效使用,为实践平台的搭建、实践活动的开展、实践设备的购置等提供充足的资金支持。制定社会实践活动的规划与计划,根据学校的思想政治教育目标和学生的需求,确定每年社会实践活动的主题、项目类型和参与规模。同时,构建科学合理的激励机制,对于在思想政治教育实践活动中表现优秀的学生给予表彰与奖励,如设立实践奖学金、优秀实践个人与团队荣誉称号等,在推优入党、升学推荐、就业推荐等方面予以优先考虑,激发学生参与实践活动的积极性与主动性。加强思想政治教育专业教师的实践指导能力培训,鼓励教师深入社会实际参与实践项目,提高教师的实践教学水平。引进具有丰富实践经验的校外导师,如社区工作者、企业政工干部等,充实思想政治教育实践指导教师队伍。建立教师与学生共同参与实践活动的机制,在实践过程中教师能够及时给予学生专业的指导与帮助,解答学生在实践中遇到的思想困惑与实际问题,形成良好的师生互动与教学相长的氛围,为思想政治教育实践活动的高质量开展提供坚实的师资保障。

(二)开发网络育人功能

随着新媒体与新技术的不断发展,高校网络思想政治育人成为高校教育体系的重要组成部分,高校网络思想政治育人在提升思想政治教育传播力、增强学生思想认同感、丰富教育内容形式、促进学生全面发展等方面具有重要优势。习近平总书记指出要"提高网络育人能力,扎实做好互联网时代的学校思想政治工作和意识形态工作"①。针对当前网络环境的复杂性、多元化,高校网络育人应精准定位网络思想政治育人目标,引导学生树立正确的价值观,加强校园网络文化建设与管理,实现网络监管与学生隐私保护的平衡,推动思想政治工作传统优势与信息技术高度融合,提升教师队伍网络技术水平,助力学生全面发展。

1.加强校园网络文化建设与管理

丰富校园网络文化资源是校园网络文化建设的核心内容。学校应整合各类优质文化资源,构建丰富多样的网络文化素材库,为学生提供学习材料。只有通过加强政治文化体验和政治活动参与等途径,政治认同才能实现从被动遵从到主动接纳的转换。因此在学术资源方面,要加大对电子图书、学术期刊数据库的投入,方便师生获取前沿的学术研究成果,促进学术交流与创新。例如,建立校内学术成果展示平台,展示师生的优秀论文、科研项目成果等,激发学术热情与竞争意识。打造数字化思想政治教育资源库,利用信息技术广泛收集、整理和整合各类优质思想政治教育资源,包括经典马克思主义著作、党的重要文献、先进人物事迹、历史文化素材等。将这些资源进行数字化转化,如制作成电子书籍、音频讲座、视频短片等多种形式,构建起一个内容丰富、分类细致、便于检索和使用的思想政治教育资源库。为思想政治教育工作者提供充足的教学素材,也方便学生自主学习与拓展知识视野。在文化活动资源方面,将校园传统活动如文艺演出、体育赛事等进行网络直播或录制,制作成精彩的视频资源在校园网络平台上播放,拓宽学生参与文化活动的渠道,增强校园文化的传播力与影响力。同时,积极开发原创网络文化作品,如校园网络剧、动漫、微电影等,将思想政治教

---

① 习近平:《加快建设教育强国 为中华民族伟大复兴提供有力支撑》,《人民日报》,2023-05-30。

育内容巧妙融入校园网络文化作品中,以学生喜闻乐见的形式传递正能量与校园价值观。鼓励学生参与创作过程,挖掘学生的创意与才能,提升学生的文化素养与实践能力。开发校园专属的移动应用程序,集学习资源、文化活动信息、社交互动等功能于一体。校园官方网站、微博、微信公众号、抖音等新媒体平台是学校信息发布、文化传播与师生交流的重要窗口。高校应加大投入,整合资源,组建专业的运营团队,从界面设计、功能模块到内容更新进行全方位优化。学生可以通过手机随时随地获取校园文化资源,参与校园文化活动讨论与互动,提高校园网络文化的便捷性与时效性。此外,加强校园网络论坛、博客等互动平台的建设与管理,鼓励师生发表积极健康的言论,营造自由平等、开放包容的网络文化交流氛围,促进思想碰撞与文化融合。

《习近平关于网络强国论述摘编》指出:"阵地是意识形态工作的基本依托。"[①]高校思想政治教育要坚决贯彻落实党中央的决策部署,守好思想文化阵地,因此必须健全校园网络文化管理制度,将网络意识形态安全教育融入管理的规章制度中。学校应制定详细的校园网络文化管理规章制度,明确网络文化建设与管理的目标、原则、责任主体与工作流程。在系统功能模块设计上,可设置舆情监测模块、行为分析模块、数据加密模块、隐私保护模块、预警反馈模块。建立网络信息审核发布机制,对校园网络平台上发布的信息进行严格审核,确保信息内容符合国家法律法规、社会道德规范以及学校的教育教学要求,杜绝不良信息的传播。加强对校园网络文化活动的审批与监管,规范各类网络文化活动的组织与开展,防止出现不良文化渗透。同时,建立网络舆情监测与应急处置机制,及时发现并掌握校园网络舆情动态,对可能引发舆情危机的事件提前预警并制定应对预案。一旦发生舆情危机,能够迅速采取措施进行处置,引导舆情向积极健康的方向发展,维护校园网络文化秩序。

2. 推动思想政治工作传统优势同信息技术高度融合

网络时代,高校在育人过程中要充分认识到育人队伍建设的重要性,提高育人质量,加强育人合力,增强育人实效。网络育人首先要建设一支高质量网络思想政治教师队伍,这些教师既要掌握传统的板书、授课技能,又要熟练运用能为课堂添彩的现代技术,例如多媒体、虚拟现实、在线教学平台等。学校应针对思想政治教育教师制订专门的、成体系的信息技术培训计划。培训内容可涵盖

---

① 中共中央党史和文献研究院编:《习近平关于网络强国论述摘编》,北京:中央文献出版社,2021年版,第69页。

基础信息技术知识,如计算机操作系统的熟练运用、常用办公软件的功能掌握,特别是在制作精美且富有创意的教学课件方面,要教会教师如何运用设计模板、动画效果、音频视频插入等功能来提升课件的吸引力与表现力。同时,深入开展网络技术培训,包括网络资源的搜索与筛选技巧,使教师能够快速准确地从海量网络信息中获取与教学相关的优质资源;了解网络平台的搭建与运营原理,以便教师在创建课程专属网络社区或教学平台时有理论与技术支撑。

同时网络思想政治教师需充分利用新媒体平台特性,打造贴近学生生活、符合学生兴趣的网络思想政治教育内容。教师需深入剖析思想政治教育传统优势的核心要素,如理论深度、价值导向、情感共鸣等,结合信息技术的功能特点,找到二者融合的精准切入点。例如,在讲解马克思主义经典理论时,可利用信息技术的资源整合优势,引入不同历史时期、不同国家对该理论的研究成果与实践案例,以丰富的资料呈现理论的广泛影响力与持久生命力,让学生在海量信息的对比分析中深入理解理论内涵。而且网络能够突破传统思想政治教育的时空限制,将丰富多元的教育资源呈现在学生面前,极大地拓展教育的广度与深度。例如,借助互联网平台,教师可以获取全球范围内的思想政治案例、学术研究成果以及时事热点素材,为课堂教学注入活力。同时,信息技术所具备的交互性和个性化特征,能够满足不同学生的学习需求和兴趣偏好,使思想政治教育从传统的"一刀切"模式向精准化、定制化转变。

通过对学生网络行为数据的收集与分析,了解学生关注的热点话题与思想困惑,及时提供针对性的网络思想政治教育内容,做到因材施教、精准引导。教师利用人工智能技术开展个性化教学辅助工作。教师通过人工智能学习系统收集与分析学生的学习数据,包括学习进度、知识掌握情况、答题准确率、学习时间分布等,构建学生的学习画像。根据学习画像,人工智能系统为每个学生提供个性化的学习建议,如推荐针对性的学习资料、练习题目、拓展阅读等,教师则依据这些建议对学生进行个性化的学习指导与辅导。教师再根据学生的具体情况答疑解惑,帮助学生攻克学习难关,实现因材施教,提高教学效果。在教学过程中,教师可以通过提出具有启发性与争议性的话题,引导学生在讨论区发表自己的观点与看法,教师则适时参与讨论,进行点评与引导。线上文字表述能够缓解部分同学的紧张和不敢发言等情况,激发学生的思维碰撞与深度思考。例如,在"思想道德修养与法律基础"课程中,针对"网络道德规范"这一章节,教师可发起"网络自由与网络监管的平衡"的话题讨论,鼓励学生结合自身网络生活经历,从不同角度进行分析,从而加深对网络道德复杂性与重要性的理解。

三、开启"发动机",激活教育对象内在学习动力

列宁提出的"灌输"理论为我们提升思想政治教育效果提供借鉴。"灌输"理论除了强调灌输的主体、内容、方法以外,还特别强调灌输的对象。高校思想政治教育的对象主要是大学生群体。要通过心理育人和文化育人的方式打开大学生群体的心理世界和情感世界,激活其学习的内在动力。

(一)重视心理育人功能

习近平总书记强调:"要坚持不懈促进高校和谐稳定,培育理性平和的健康心态,加强人文关怀和心理疏导,把高校建设成为安定团结的模范之地。"①高校思想政治教育以育人为本,对学生心理的关怀与教育是其中重要一环,学业压力、人际关系、情感问题等因素最后都可能导致学生出现心理问题,进而影响学生的学业与生活,因此心理育人意义重大。

在校内,学生主体、朋辈伙伴、专业教师、课程体系协调,共同提高学生心理素质,合力育人。学生是心理育人的主体,心理育人首先要关注学生的心理想法,发现问题是第一步。如果学生能够发现自己的情绪问题,愿意以平常心态看待负面情绪带来的影响,并且会自主寻找方法调节情绪,就会拥有良好的心理状态。学生的自我认知与自我调适能力的提升对其心理健康发展起着重要作用。在自我认知方面,学生自身可以借助心理学知识与工具,深入剖析自身性格、兴趣、价值观及优劣势,构建清晰且客观的自我画像,更好地了解自己。自我情绪管理是学生心理素养的关键要素。学生可以运用情绪调节策略,如深呼吸放松法、积极的自我暗示、转移注意力等,有效应对学习与生活中的压力源和负面情绪。在面对学业压力导致的焦虑时,可通过适度运动转移注意力,释放压力荷尔蒙,随后运用积极的自我暗示,如"我有能力逐步解决问题",重塑自信与冷静。此外,培养正向思维模式,将挫折视为成长契机,有效提升心理韧性。例如,在遭遇社交困境时,主动思考自身社交技巧的不足,积极寻求改进方法,而非陷入自我否定的漩涡。

---

① 习近平:《把思想政治工作贯穿教育教学全过程 开创我国高等教育事业发展新局面》,《人民日报》,2016-12-09。

朋辈伙伴作为学生校园生活的重要组成部分,对学生的心理健康有着深远影响。调查结果显示,"朋辈之间有着共同的观念和相似的生活方式,在沟通和交流上有着更多的共同语言"①,建立互助性同伴群体是心理育人的有效路径之一。学校可通过组织团队建设活动、兴趣小组、社团等多样化形式,促进学生之间的交流与互动,培育彼此信任、相互支持的同伴关系网络。例如,在班级内部开展定期的小组合作项目,鼓励学生在项目合作中发挥各自优势,共同攻克难题,借此增强团队协作能力与同伴间的情感联结。同伴心理支持机制的建立同样不可或缺。学校可培训一批学生志愿者担任同伴心理辅导员,经专业心理教师指导,掌握基本心理倾听与支持技巧。当同伴遭遇心理困扰时,他们能够及时提供情感陪伴、倾听其心声,并引导其寻求专业帮助。已被广泛应用的叙事疗法、焦点短期咨询以及新近发展出的心理教练技术都深受积极心理学理念的影响,积极地看待求助者已有的优势资源,并带领求助者善用资源解决问题,实现潜能发展。例如,在宿舍生活中,同伴心理辅导员可敏锐察觉室友的情绪变化,在室友因失恋而情绪低落时,给予理解与安慰,陪伴其度过情感低谷期。同时,设置同伴心理健康互助小组,定期开展分享会与交流活动,鼓励学生分享自身心理成长经历与应对压力的策略,形成互帮互助、共同成长的良好氛围。

教师在心理育人过程中扮演着引领者与示范者的关键角色。专业心理素养的提升是教师有效开展心理育人工作的基石。学校应定期组织教师参加心理学专业培训,内容涵盖青少年心理发展特点、常见心理问题识别与干预、心理咨询基本技能等,确保教师具备扎实的心理学知识储备与实践能力。例如,通过邀请知名心理学专家开展讲座与工作坊,结合案例分析与模拟演练,提升教师对学生心理问题的敏感度与应对能力。在日常教育教学活动中,教师应将心理健康教育理念有机融入学科教学。在教学设计环节,充分考虑学生的认知水平与心理需求,创设积极的课堂心理环境,激发学生的学习兴趣与内在动机。在教学中,通过对文学作品中人物心理的深度剖析,引导学生理解人性的复杂性与多样性,培养学生的同理心与情感共鸣能力。同时,教师需注重与学生的情感沟通与互动,建立良好的师生关系。在学生面临学业困境或心理困扰时,教师能够及时给予关心与支持,以自身的人格魅力与专业素养赢得学生的信任与尊重。

课程体系作为心理育人的重要渠道,需构建系统且完善的心理健康教育课

---

① 刘阳、罗攀:《大学生朋辈心理辅导调查及现状分析》,《校园心理》,2020年第8期,第329页。

程架构。在基础课程设置方面，面向全体学生开设心理健康教育通识课程，如"大学生心理健康导论"，系统传授心理健康基础知识，包括心理调适技巧、人际关系处理、压力应对策略等，帮助学生树立正确的心理健康观念，掌握基本的心理保健方法。拓展性课程的开发与实施能够满足不同学生群体的多样化心理需求。例如，针对有职业发展困惑的学生开设"职业心理与生涯规划"课程，助力学生明晰职业兴趣与能力倾向，提升职业决策能力与职场适应能力；针对人际交往困难的学生开设"人际沟通与社交技巧"课程，通过角色扮演、情境模拟等实践教学方法，增强学生的沟通表达与人际交往能力。实践课程的融入是深化心理育人效果的关键环节。学校可组织学生参与心理健康教育实践活动，如社区心理服务志愿者活动、心理健康主题调研等，让学生在实践中运用所学心理学知识，提升解决实际问题的能力，同时增强社会责任感与奉献精神。例如，组织学生参与养老院的心理关怀项目，为老年人提供心理陪伴与疏导服务，在实践中体会关爱他人、回馈社会的价值与意义，进一步促进自身心理健康水平的提升。

在校外，家庭教育与社会风气引导共同发挥作用。2016年12月12日，习近平总书记在会见第一届全国文明家庭代表的讲话中指出，家庭教育最重要的是品德教育，是如何做人的教育。家庭教育对人格塑造、价值观形成及心理韧性发展起着关键作用。因此家长应主动学习心理健康知识，了解青少年心理发展规律，明确各阶段孩子的心理需求与冲突，从而有针对性地给予支持与引导。积极参加心理健康教育培训课程与讲座，阅读专业书籍，与学校心理教师或专业心理咨询师定期沟通交流，不断提升自身心理素养与教育能力，避免因自身认知局限而对孩子心理造成负面影响。建立民主平等的家庭沟通机制。家庭内部应营造开放、尊重的沟通氛围，家长要摒弃传统家长式权威观念，以平等姿态与孩子交流互动。家长应鼓励孩子表达内心想法、感受与困惑，认真倾听并给予其积极反馈，无论是学习压力、社交烦恼，还是情感问题，都让孩子感受到被理解与接纳。注重品德与价值观教育对心理的滋养。在日常生活中，家长应将品德教育与心理健康教育有机融合，通过言传身教向孩子传递积极的价值观，如诚实、善良、责任感、坚韧等。引导孩子树立正确的世界观、人生观与价值观，帮助他们在面对困难与挫折时保持乐观积极的心态，以强大的内心信念保障心理稳定与健康发展。例如，家长可与孩子共同参与志愿服务活动，培养其社会责任感与奉献精神，在帮助他人的过程中增强自我价值感与心理满足感。

社会风气对青少年心理健康具有广泛而深刻的影响，良好的社会风气能够为青少年心理成长提供积极的外部环境与价值导向。首先,加强心理健康教育宣传力度,借助各类媒体平台,如电视、广播、网络新媒体等,广泛传播心理健康知识与理念,制作并播出高质量的心理健康教育专题节目、公益广告、短视频等。内容涵盖心理调适方法、常见心理问题识别与应对、积极心理品质培养等方面,以通俗易懂、生动形象的方式向广大青少年及社会公众普及心理健康知识,提高社会对青少年心理健康问题的关注度与重视程度,消除对心理疾病的歧视与偏见,营造全社会关心支持青少年心理健康的良好氛围。其次,强化社会舆论引导与监管。社会舆论对青少年价值观与心理认知有着重要的塑造作用,应加强对各类媒体舆论的引导与监管。主流媒体要发挥正面舆论导向功能,积极宣传正能量事迹与人物,弘扬社会主义核心价值观,为青少年树立积极向上的榜样。同时,加强对网络媒体、社交媒体等平台的监管力度,规范信息传播秩序,严厉打击不良信息、虚假信息及网络暴力等行为,防止其对青少年心理健康造成侵蚀与伤害。建立健全网络舆情监测与应对机制,及时发现并处理可能影响青少年心理健康的负面舆情事件,营造清朗健康的网络舆论空间。最后,推动社会心理健康服务体系建设。构建完善的社会心理健康服务体系是引领社会风气、促进青少年心理育人的重要保障。加大对心理健康服务机构的投入与扶持力度,如专业心理咨询中心、心理诊所、社区心理健康服务站等,提高其服务质量与覆盖范围。培养一支高素质、专业化的心理健康服务人才队伍,为青少年提供及时有效的心理咨询与治疗服务。

(二)重视文化育人功能

习近平总书记指出:"文化文艺工作者、哲学社会科学工作者都肩负着启迪思想、陶冶情操、温润心灵的重要职责,承担着以文化人、以文育人、以文培元的使命。"①注重以文化人、以文育人、以文培元,加强文化的育人功能。建设社会主义文化强国是实现中华民族伟大复兴的基础支撑,涵养文化自信是建设文化强国的重要前提之一。高校学生是思想最为活跃、知识储备相对较高的群体,也是文化传承与创新的重要践行者。

发挥文化育人功能,要提高内容的质量水平,坚持育人导向。深入开展中华优秀传统文化、革命文化、社会主义先进文化教育,在思想政治理论课程中深度

---

① 习近平:《一个国家、一个民族不能没有灵魂》,《求是》,2019年第8期,第3页。

第五章 新时代高校思想政治教育"三全育人"的优化路径

融入中华优秀传统文化内容,增强文化自信。例如在课程中,讲述传统道德观念如"仁、义、礼、智、信"在当代社会人际交往与道德建设中的价值转化,结合案例分析古代道德典范故事对现代大学生品德修养的启示。通过系统的理论阐释与案例研讨,让学生从思想根源上理解传统文化精髓,真正实现传统文化与实践相结合。开发革命文化特色课程,着重探讨井冈山精神、长征精神、延安精神等对当代青年思想成长与社会责任担当的启示。通过特色课程建设,提升革命文化教育的针对性与系统性。人之文化性发展的教学目标道出了人是文化性存在的本质。教学变革的文化价值取向就是要使教学本身能够更好地凸显主体、阐明生命价值与意义,以真正实现以文化人。① 在文化育人教学内容的选择上一定要符合高校学生的学习特点与发展特点,真正做到以文化人。如果在内容选择上与学生现阶段发展水平不匹配,育人效果就会大打折扣,甚至南辕北辙,造成学生只理解皮毛而错过真正的内涵,甚至从心理抵触的情况。

发挥文化育人功能,必须牢牢掌握高校意识形态工作领导权,践行和弘扬社会主义核心价值观。"理论只要能说服人,就能掌握群众;而理论只要彻底,就能说服人。"②高校思想政治课的本质是讲道理,教师是课程的关键,因此必须提升教师思想政治素养,增强教师讲解理论的能力。定期组织教师参加思想政治教育培训,邀请专家学者举办讲座,解读社会主义核心价值观的内涵与教育方法,开展教师思想政治教学能力竞赛,激励教师提升思想政治教学水平。强化课堂主阵地,构建全面覆盖、类型丰富、层次递进、相互支撑的课程体系,将思想政治教育元素深度融入各类课程。思想政治课教师要创新教学方法,善用案例教学、实践教学等,提升思想政治课的吸引力与实效性。例如,开展"红色故事进课堂"活动,让学生在真实故事中感悟社会主义核心价值观。专业课教师则需在教学过程中找准思想政治切入点,在知识传授中实现价值引领。同时,开展主题教育活动。结合重大节日、纪念日开展主题教育活动,如在国庆期间举办"我和我的祖国"主题演讲比赛,激发学生的爱国情怀;在学雷锋月组织志愿服务活动,让学生在实践中体会奉献精神。活动后要组织学生进行交流分享与反思总结,深化教育效果。

---

① 谌舒山:《从疏离到复归:教学与文化关系考辩》,《湖南社会科学》,2024年第6期,第146页。

② 中共中央马克思恩格斯列宁斯大林著作编译局:《马克思恩格斯选集》第一卷,北京:人民出版社,2012年版,第9—10页。

重视校园文化建设。建设校园文化，打造校园文化景观，如设置社会主义核心价值观主题雕塑、文化长廊等，让学生在校园中处处受到文化熏陶。精心打造校园文化景观，比如在校园主干道设置社会主义核心价值观主题雕塑，以艺术化的形式直观呈现价值观内涵，让学生在日常通行中受到感染与启发。还可规划文化长廊，展示中华优秀传统文化、革命文化与社会主义先进文化成果，从历史故事到"时代楷模"事迹，以图文并茂的方式为学生营造浓厚的文化氛围。在校园的公共区域，如教学楼大厅、图书馆等地，设置电子显示屏，滚动播放体现核心价值观的公益广告、学生文化作品等，使学生随时随地都能接受文化滋养。积极举办校园文化节，文化节涵盖丰富多样的活动形式，在文艺演出环节，鼓励学生编排以社会主义核心价值观为主题的歌舞、小品、朗诵等节目，通过艺术表演传递正能量。在科技竞赛活动中，引导学生秉持创新、敬业等价值观开展科研探索与技术创新。文化展览则可展出学生的书法、绘画、摄影等作品，诠释他们对核心价值观的理解与感悟。同时，设立各类文化社团，如文学社、历史社、艺术社等，社团定期组织主题活动，吸引学生广泛参与，在社团活动中培养学生的团队合作精神、人文素养与价值追求，促进学生全面发展，使校园文化真正成为滋养学生心灵、塑造学生品格的精神源泉。

文化育人的输出与表达形式同样在育人方面发挥巨大作用。习近平总书记曾指出："好的思想政治工作应该像盐，但不能光吃盐，最好的方式是将盐溶解到各种食物中自然而然地吸收。"①优化校风学风，让文化能够春风化雨般滋养引领学生。繁荣校园文化，培育大学精神，建设优美环境，滋养师生心灵，涵育师生品行。在学风建设方面，首先要强化师资队伍的引领作用。教师应秉持严谨治学的态度，精心备课授课，以渊博的知识和独特的教学方法激发学生的学习兴趣，引导学生树立正确的学习目标，注重知识的积累与能力的提升。在校风建设上，要营造积极向上的校园文化氛围。开展丰富多彩的校园活动，为学生提供展示自我的平台，培养他们的综合素质与团队合作精神。注重校园文明礼仪教育，从日常行为规范入手，培养学生良好的道德品质与行为习惯。加强校园环境管理，打造整洁优美、文明有序的校园环境，使学生在潜移默化中受到感染与熏陶。学校管理层应树立民主、公正、高效的管理作风，倾听师生的意见与建议，及时解决校园中出现的各种问题，以良好的管理服务促进校风的优化。立足于大学自

---

① 习近平：《沿用好办法 改进老办法 探索新办法——三论学习贯彻习近平总书记高校思想政治工作会议讲话》，《人民日报》，2016-12-11。

身的历史传统,依托所在地域的历史底蕴,融合教育与艺术等多种元素,梳理好校史,凝练好校训,打造校歌、校徽、校服等文化标识,将高校文化通过更形象直观的符号、形式呈现出来,提升校园文化品位,增强师生的文化认同感和归属感,为师生营造健康向上、鲜活丰满的文化环境。

智能时代应运用先进的技术手段加强文化育人,同时守护好网络阵地。在信息通信高度发达的今天,国家间文化交流频繁,高校思想政治课应充分关注世界各国的先进文化,注重不同文化的交流互鉴,取其精华、去其糟粕,不断提升高校思想政治课的开放性、包容力,提高高校思想政治课的教育力和说服力。守好网络新阵地,推出系列解读社会主义核心价值观的新媒体作品,如短视频、漫画等,以学生喜闻乐见的方式传播正能量。建立网络舆情监测与引导机制,及时发现并处理不良信息,组织网络文明志愿者队伍,引导学生理性发言,营造清朗的网络空间。

四、完善"后勤处",优化高校思想政治教育保障体系

要想在思想政治教育工作中实现"三全育人"的目标,单靠思想政治理论课教师是远远不够的,还需要提供多方支持,比如学校的行政管理部门、后勤服务部门要发挥好服务育人功能和资助育人功能等。

(一)完善服务育人功能

完善高校服务育人功能要加强顶层设计,各部门高效紧密配合,积极帮助解决师生工作学习中的合理诉求。高校应将服务育人纳入整体发展战略,明确服务育人在思想政治教育体系中的重要地位。结合学校特色与人才培养目标,制定服务育人的长远规划与阶段性目标,使服务育人理念深入学校的教学、管理、后勤等各个环节。制定相关章程规定,明确各年度服务育人工作的重点与预期成果,确保服务育人工作有章可循、有序推进。同时,强化教学部门与学工部门联动。教学部门在课程教学中注重融入思想政治教育元素,培养学生的专业素养与道德品质。学工部门则通过开展丰富多彩的学生活动,如主题班会、志愿服务、社会实践等,引导学生树立正确的世界观、人生观、价值观。建立教学部门与学工部门定期沟通协调机制,共同制定学生思想政治教育计划与活动方案,实现课堂教学与课外实践在服务育人方面的有机结合。例如,每学期共同策划组织一次思想政治教育主题实践活动,由教学部门提供专业指导,学工部门负责组织

实施,增强学生对思想政治理论的理解与实践能力。

管理部门在制定政策、实施管理过程中体现人文关怀与服务意识,为师生创造良好的教学、科研与生活环境。后勤部门要全力做好校园基础设施建设、餐饮住宿服务、环境卫生维护等工作,以优质的后勤服务保障学校正常运转。加强管理部门与后勤部门之间的协作配合,共同解决师生在学习、工作、生活中遇到的问题。在校园环境建设方面,管理部门负责规划设计,后勤部门负责具体施工与维护,共同打造优美、舒适、文明的校园环境,发挥环境的育人功能。关注师生需求变化,不断优化服务内容与方式。在教学服务方面,利用现代信息技术推进教学改革,如开展线上线下混合式教学、建设智慧教室等,提高教学质量与效果。在学生管理服务方面,建立一站式学生服务中心,整合学籍管理、奖助贷评定、心理咨询等服务功能,为学生提供便捷高效的服务。在后勤服务方面,推进智慧后勤建设,如开通网上报修、订餐等服务平台,提高后勤服务效率与满意度。通过优化服务内容与方式,使师生在享受优质服务过程中受到潜移默化的思想政治教育。提高教职工服务育人意识与能力,通过专题培训、经验交流、案例分析等方式,加强对教职工思想政治教育理论与服务技能的培训。鼓励教职工积极参与服务育人研究与实践创新,不断提升服务育人水平。例如,定期组织教职工参加服务育人专题培训,邀请专家学者举办讲座,分享服务育人的成功经验与先进理念;开展服务育人案例征集与评选活动,激发教职工创新服务育人方法与途径。

要完善评价反馈机制,及时解决服务育人过程中出现的各类问题,将更好的服务与思想政治教育相融合。构建科学评价体系,设立多元化评价指标,从服务态度、服务效率、思想政治元素融入服务效果等多维度构建评价指标。针对服务态度,可考察工作人员是否耐心、尊重学生个性与需求;服务效率关注业务办理时长、问题解决速度等;思想政治元素融入服务效果则衡量在服务过程中是否自然且有效地传递了正确的价值观、理想信念等内容。对评价主体进行区分,涵盖学生群体、教师群体、服务提供方自身以及专业的第三方评价机构等。学生作为服务的直接受众,能直观感受服务质量与思想政治教育成效,可通过问卷调查、线上评价平台等方式反馈;教师则从教育者视角,对服务的教育性价值进行评判;服务提供方的自评有利于自我反思与提升;第三方评价机构凭借其专业性与客观性,能进行全面、深入的评估。反馈渠道必须畅通,搭建线上反馈平台,建立专门的服务育人反馈网站与手机应用程序。设置分类明确的反馈板块,如宿舍服务、餐饮服务、教学辅助服务等,方便学生精准提交意见。同时,开设思想政治教育反馈专栏,学生可就服务中思想政治内容的呈现形式、深度、广度等提出看法。平台需具备自动回复与跟进功能,确保学生的反馈得到及时确认。完善线下反馈机制,设立意见箱并定期开启整理。在校园各服务区域,如食堂、图书馆、宿舍管理处等设置固定的意见收集点,张贴醒目的反馈指引。定期开展服务育人座谈会,邀请学生代表、教师代表、服务人员共同参与,面对面交流服务中的问题与改进方向,促进各方深度沟通与理解。开展广泛深入调研,倾听师生需求,畅通意见建议反馈渠道,制定服务育人总体方案和实施路径,坚持将党建工作与业务工作同谋划、同部署、同推进和同考核,形成理念相通、措施相融,促进"同频共振"。定期回顾与调整,每学期末对评价反馈机制进行全面回顾。分析本学期收集的评价数据、反馈意见,总结问题解决的经验与不足。根据学校发展战略、学生需求变化等因素,适时调整评价指标、反馈渠道与问题处理流程,确保机制的科学性与适应性。

要将思想政治教育深度融入服务整改,在解决服务问题过程中,注重挖掘思想政治教育契机。例如,若出现宿舍设施维修不及时引发学生不满的情况,在加快维修进度的同时,开展劳动教育主题活动,向学生展示维修工人的辛勤付出,培养学生尊重劳动、珍惜劳动成果的意识;针对食堂餐饮问题,可融入节约粮食、健康饮食等思想政治教育内容,通过宣传展板、工作人员引导等方式,将思想政治教育与服务优化有机结合。

完善服务育人要与时俱进,真正了解学生需求,提供靶向服务。首先,精准调研学生需求。定期开展全面且深入的学生需求调研活动,运用问卷调查、深度访谈、焦点小组等多种研究方法,了解学生在学业、生活、心理、职业规划等方面的需求与困惑。构建学生需求反馈的常态化机制,如设立专门的意见箱、线上反馈平台等,鼓励学生随时提出自己的诉求与建议,确保学生的声音能够及时、准确地被学校接收与处理。其次,根据学生需求优化服务内容与质量,加强学业辅导体系建设。针对不同专业、不同年级的学生,提供个性化的学业咨询、课程辅导、学习方法指导等服务,帮助学生解决学习过程中遇到的困难,提升学习效果。搭建学术资源共享平台,整合图书馆、实验室、学术讲座等各类学术资源,为学生提供便捷的学术信息获取渠道,激发学生的学术兴趣与创新能力。提高服务育人工作者的专业素养与服务意识,定期开展业务培训、经验交流等活动,使其熟悉学生工作规律,掌握先进的服务理念与方法,能够为学生提供优质、高效的服务。改善学生生活设施与环境,加强宿舍管理与维护,提供舒适、安全的居住条件;优化校园餐饮服务,保障食品安全与质量,满足学生多样化的饮食需求。关注特殊学生群体,建立健全贫困生资助体系、心理问题学生帮扶机制等,为家庭经济困难、身心有障碍的学生提供必要的生活援助与心理疏导,确保每一位学生都能在校园中健康成长。完善心理健康教育课程体系,将心理健康教育纳入学校教育教学的整体规划,通过课堂教学、专题讲座、团体辅导等形式,普及心理健康知识,提高学生的心理素质与应对挫折的能力。加强心理健康咨询与干预服务,配备专业的心理咨询师,提供一对一的心理咨询服务;建立心理危机预警机制,及时发现并干预有心理危机倾向的学生,预防校园心理危机事件的发生。最后,创新服务育人方式,运用现代信息技术,打造智慧服务育人平台,如开发一站式学生服务 APP,整合各类服务资源,实现服务事项的在线办理与信息推送,提高服务效率与便捷性。推动服务育人与社会实践相结合,组织学生参与志愿服务、社区调研、公益活动等社会实践项目,在实践中培养学生的社会责任感、团队合作精神与实践能力。

(二)完善资助育人功能

健全资助体系,提供多元化资助方式,完善奖学金制度。高校根据不同领域设立多种类型奖学金与助学金,如学业优秀奖、科研创新奖、社会实践奖等,全面覆盖不同领域有突出表现的学生,激励学生在学业、科研、社会服务等多方面积极进取,不仅关注成绩,更注重综合素质提升。建立全面的学生信息数据库,涵盖学业成绩、家庭经济状况、社会实践参与度、志愿服务时长等多维度数据。运用大数据分析技术,精准定位家庭经济困难且品学兼优的学生,确保奖助学金评定的基础数据准确无误。通过定期更新数据,动态跟踪学生的成长与变化,为评定提供实时、有效的依据。在评定过程中,坚持学业成绩与品德修养并重的原则。在学业方面,不仅考查考试成绩,还综合考虑学生的学术研究成果、学习态度的转变与进步等因素。在品德修养方面,重点关注学生在思想政治课程中的表现、日常行为规范遵守情况、诚信品质以及社会责任感的践行。设立品德加分项,如诚实守信事迹、积极参与社会公益活动等,激励学生在品德修养方面不断提升自我。同时,精准定位真正需要帮助的学生,动态调整资助额度,确保助学金能切实缓解学生经济压力,保障其基本学习和生活需求。

拓展勤工俭学岗位,勤工俭学在为学生提供资金资助的同时也能够帮助学

第五章　新时代高校思想政治教育"三全育人"的优化路径

生积累实践经验。结合学校各部门工作需求与学生专业特长,开发丰富多样的校内勤工俭学岗位。岗位设置要与学业相结合,例如图书馆学术助手,在图书馆设立勤工俭学岗位,协助图书馆员进行学术资源整理、学科知识分类以及为学生提供专业书籍推荐服务等工作。学生在工作过程中能够深入接触各类学术资料,提升自身的学术素养和信息检索能力,从而促进学业进步。提供专业实验室助理岗位,针对不同专业的实验室,招聘勤工俭学学生作为助理。协助教师进行实验准备、仪器设备维护以及实验数据初步整理分析等工作。使学生能够将课堂所学理论知识与实际实验操作相结合,加强对专业知识的理解和运用能力,为专业学习提供有力实践支撑。设立岗位让学生协助学校组织各类志愿服务活动并进行活动管理。学生在参与志愿服务的组织过程中,深刻体会奉献精神、社会责任意识等思想政治内涵,通过身体力行地践行和传播志愿服务精神,提升自身的思想道德境界和社会责任感。设立勤工俭学岗位让学生负责校园文化的宣传工作,如运营校园官方新媒体账号、制作校园文化海报与视频等。在内容创作与传播过程中,融入社会主义核心价值观、爱国主义、集体主义等思想政治教育元素,使学生在工作的同时接受思想政治教育的熏陶,增强对主流价值观的认同和传播意识。同时,为新入职的勤工俭学学生提供系统的岗位培训,包括工作技能培训、职业道德培训以及思想政治教育专题培训等,使学生明确岗位要求和自身发展目标,为顺利开展工作奠定基础。对学生进行定期考核与反馈,对学生在勤工俭学岗位上的工作表现、学业成绩提升情况以及思想政治素养发展等方面进行综合考核。根据考核结果给予学生及时的反馈和奖励,激励学生在岗位上不断成长进步,对于表现优秀的学生在奖学金评定、荣誉称号授予等方面给予优先考虑。

资助育人不仅仅局限于经济资助,对于学生的精神世界、学业规划等应进行全方位的育人活动。思想引领,塑造健全人格。将思想政治教育深度融入资助工作,积极开展"感恩、诚信、励志"主题教育活动。一方面,举办系列感恩教育讲座,邀请知名学者、道德模范等讲述感恩故事及其蕴含的深刻价值,引导受助学生从内心深处体会感恩之情,并鼓励他们在日常生活中以实际行动回馈社会。例如,组织受助学生参与社区义工活动,为孤寡老人提供生活照料、陪伴交流等服务,让他们在付出中感受快乐与满足,从而树立正确的价值观和社会责任感。另一方面,通过诚信教育班会、主题演讲比赛等形式,深入剖析诚信在个人成长、社会交往及未来职业发展中的关键作用。组织学生签订诚信承诺书,将诚信意识转化为自觉行动,强化学生的契约精神和道德自律。同时,开展励志教育活动,如评选"励志之星"并举办事迹巡回报告会,用身边鲜活的榜样力量激励广大学生勇于面对困难,砥砺前行。借助校园广播、宣传栏、新媒体平台等多种渠道,广泛宣传优秀受助学生的励志故事,营造积极向上、奋发有为的校园文化氛围。

高度重视受助学生心理健康,建立完备的心理健康档案,运用专业心理测评软件定期对其进行心理测评,并做好详细记录与跟踪回访。设立专门的心理咨询绿色通道,优先为受助学生安排经验丰富的心理咨询师,提供一对一的心理咨询服务,及时化解由经济压力、学业负担等因素引发的焦虑、自卑等心理问题。

定期开展心理健康教育活动,如举办"压力应对与情绪管理"工作坊,邀请专业心理专家传授实用的心理调适技巧,如深呼吸放松法、积极的自我暗示等,帮助学生有效应对生活中的各种压力。组织心理健康拓展训练,通过团队合作游戏、户外挑战等活动,增强学生的自信心与团队协作能力,培养他们坚韧不拔的意志品质。此外,辅导员与班主任应加强与受助学生的日常沟通交流,每月至少进行一次深入的谈心谈话,密切关注其思想动态与心理变化,及时发现并解决潜在问题,为学生营造温暖、安全、信任的心理支持环境。

将感恩教育融入资助过程。在发放资助金时,举办小型感恩仪式,通过受助学生代表发言、分享励志故事等形式,激发学生感恩之心;开展感恩主题征文、演讲比赛等活动,引导学生将感恩之情转化为努力学习、回报社会的实际行动。诚信教育贯穿资助始终。在资助申请环节,开展诚信教育专题讲座,详细讲解资助政策与申请流程,强调如实申报的重要性;建立诚信档案,对学生在资助申请、还款等过程中的诚信行为进行记录,与个人信用关联,培养学生诚实守信的品德。励志教育激发内生动力。邀请优秀校友、励志楷模举办讲座,分享奋斗经历与成功经验,用榜样力量鼓舞受助学生;组织受助学生参加励志成长训练营,开展团队拓展、目标设定、心理辅导等活动,帮助学生树立自信,明确发展方向,激发自我成长的内在动力。

五、用好"指挥棒",把牢"三全育人"方向和质量

高校思想政治教育是衡量学校意识形态工作水平、落实国家立德树人根本任务、培育社会主义发展合格的建设者和接班人的重要课程。如何更好地在实践中落实"三全育人"理念,需要学校的党政领导部门和行政管理部门在前期统

筹规划、锚定方向,在中期优化管理、做好激励,在后期总结经验、完善考核。总之,要发挥好学校的管理育人功能和组织育人功能,为高校思想政治教育"三全育人"保驾护航。

(一)强化管理育人功能

将规范管理的严格要求和春风化雨、润物无声的教育方式结合起来。完善管理制度,彰显人文关怀。首先,构建系统全面且细致入微的学生管理制度体系,涵盖课堂纪律、宿舍管理、考试规则、奖惩机制等各个方面。在制定过程中,充分征求学生的意见与建议,确保制度既符合教育教学规律与学校管理目标,又贴近学生的实际需求与心理预期,体现以学生为中心的理念。例如,在宿舍管理规定中,除了明确安全、卫生等基本要求外,还设置文明条款,对在文化建设、成员互助等方面表现突出的宿舍给予表彰与适当物质奖励,激励学生积极参与宿舍管理与文化营造。其次,加强制度宣传与解读工作。通过新生入学教育、主题班会、校园广播、线上平台等多种渠道,以通俗易懂、生动形象的方式向学生详细介绍各项管理制度的内容、目的与意义,让学生明白制度不是束缚他们的枷锁,而是保障他们学习和生活有序进行、促进个人成长发展的有力工具。同时,设置专门的制度咨询与反馈窗口,及时解答学生疑惑,处理学生对制度的意见与建议,形成制度制定与执行的良性互动循环。

加强队伍建设,提升管理效能。一方面,打造一支专业化、高素质的管理育人队伍。定期组织管理人员参加思想政治教育培训、管理业务技能培训以及心理健康教育培训等,提高其政治素养、业务能力与育人水平。例如,开展辅导员案例分析研讨会,通过对实际工作中遇到的学生管理案例进行深入剖析与讨论,总结经验教训,提升辅导员处理复杂问题的能力与应变技巧;组织宿舍管理员参加心理学基础知识讲座,使其掌握与学生沟通交流的心理技巧,更好地应对宿舍管理中的人际冲突与学生心理问题。另一方面,强化管理人员的服务意识与育人责任。明确管理人员在日常工作中的育人角色定位,将育人工作纳入其绩效考核指标体系。鼓励管理人员积极主动地与学生建立良好的师生关系,在管理过程中关注学生的思想动态、学习情况与生活困难,及时给予关心与帮助。例如,任课教师在课堂管理中发现学生学习状态不佳或有违纪行为时,不是简单地批评指责,而是课后与学生深入交流,了解其背后的原因,有针对性地进行学业指导与思想教育,引导学生端正学习态度,遵守课堂纪律。

加强教育立法。深入调研现有的教育法律法规,梳理存在的空白与漏洞。加快制定专门性法律,为管理育人提供全面法律依据。建立公开透明的教育立法信息平台,在立法规划、起草、审议等各个阶段,广泛征求社会各界意见,包括教育工作者、学生、家长、专家学者以及企业界代表等。通过召开立法听证会、网上意见征集、问卷调查等形式,充分吸纳合理建议,使教育立法充分反映民意。深入职业院校、企业一线调研,了解实际需求与问题,让立法过程成为凝聚社会共识的过程,增强教育立法的科学性与民主性,从而提升管理育人相关法规的认可度与执行力。设立独立的教育立法评估机构,定期对已颁布实施的教育法律法规进行效果评估。从教育公平性提升、教育质量改善、教育主体权益保障等多维度进行量化与质性分析,如评估《中华人民共和国义务教育法》实施后不同地区义务教育均衡发展状况、学校管理规范化程度等。同时,强化人大、司法机关、社会公众等多主体对教育立法与执法的监督。人大加强对教育法律法规执行情况的检查监督,司法机关依法处理教育领域的违法案件,社会公众通过媒体、举报热线等渠道对教育立法与执法中的不当行为进行监督反馈,确保教育立法在管理育人中有效落实并不断优化完善。

加强法治教育,全面推进依法治教,促进教育治理能力和治理体系现代化。强化师资队伍法治素养,开展教师法治培训。定期组织教师参加法治专题培训,邀请法学专家、知名律师等进行授课。培训内容涵盖教育法律法规、教师职业法律风险防范、学生管理中的法律问题等,提升教师依法执教的意识与能力。建立教师法治考核机制,将教师的法治素养纳入绩效考核指标体系,考核内容包括教师在教学过程中的法治教育渗透情况、自身遵守法律法规情况以及参与学校法治建设工作的表现等,考核结果与职称评定、奖金发放等挂钩,激励教师积极提升法治素养。

营造校园法治文化氛围,加强法治宣传阵地建设。在校园内精心打造法治文化长廊,以图文并茂的形式展示法律的发展历程、重要法规条文以及法治名人名言等;设置法治宣传栏,定期更新内容,宣传法律法规知识、法治建设成果以及校园法治故事等。同时,利用校园广播、电视台、微信公众号等媒体平台开设法治教育专栏,每日推送法治资讯、法律解读文章、法治微电影等,以丰富多样的形式扩大法治教育的覆盖面与影响力,让学生在校园的各个角落都能接受到法治文化的熏陶。开展法治文化活动,举办校园法治文化节,开展法律知识竞赛,设置个人赛与团体赛,涵盖宪法、民法、刑法等多方面法律知识,激发学生的竞争意

第五章　新时代高校思想政治教育"三全育人"的优化路径

识与学习热情;举办法治演讲比赛,让学生们阐述自己对法治的理解与感悟,锻炼表达能力与法治思维;组织模拟法庭活动,让学生分别扮演法官、检察官、律师、当事人等角色,亲身体验司法审判流程,增强对法律程序的认识。此外,定期组织学生参观法院、检察院、法治教育基地等校外场所,安排专业讲解员为学生讲解司法实践过程、法律职业特点以及真实案例背后的法律逻辑,让学生亲身感受法治实践,增强法治观念。依据国家法律法规和教育政策,制定完善的学生管理制度,如学生学籍管理规定、学生违纪处分条例等,确保学生管理工作有章可循、依法依规进行。在制定过程中,组织召开多轮座谈会,充分征求学生、教师、家长及法律专家的意见,对制度草案进行反复研讨与修改,保障制度的合理性与合法性。同时,根据法律法规的更新与学校实际情况的变化,定期对学生管理制度进行修订与完善,确保制度的时效性与适应性。

(二)强化组织育人功能

完善党委领导体制机制。首先,明晰职责权限,高校党委应精准定位自身在学校治理中的核心领导地位,明确党委职责涵盖把握办学方向、制定发展战略、统筹重大决策等关键领域。例如,党委负责审定学校的中长期发展规划,确保学校发展与党的教育方针高度契合;确定学校的学科专业布局调整方向,使学科建设服务于国家战略需求与社会发展需要。同时,界定党委与行政部门在教学、科研、人事等具体事务中的决策边界,避免职能交叉与模糊地带,构建分工明确、协同高效的治理格局。其次,完善决策机制,构建科学民主的党委决策机制,健全党委全委会、常委会等议事规则。在重大事项决策前,深入开展调查研究,广泛征求师生员工、校友、专家学者及社会各界的意见建议,形成可行性研究报告。在决策过程中,严格遵循民主集中制原则,充分讨论,确保决策的科学性与民主性。例如,在选拔任用中层干部时,先由组织部门进行全面考察,形成考察报告并提交给党委常委会讨论,常委们充分发表意见后进行投票表决,将选拔结果进行公示并接受监督。

强化校长负责制落实。高校党委应积极支持校长依法独立行使行政管理职权,为校长开展工作提供坚实的政治保障与组织支持。党委与校长定期沟通交流,共同商讨学校发展中的重大问题,协调党委决策与行政执行的衔接环节。例如,在推进学校思想政治教育综合改革过程中,党委与校长共同制定改革方案框架,党委负责把握改革方向与原则,校长组织行政部门细化改革举措并推动实施,确保改革顺利推进。监督权力运行,建立健全对校长行政权力的监督制约机制。党委通过纪委监察、教职工代表大会、民主党派监督等多种途径,对校长在人事任免、财务管理、工程建设等重点领域的权力运行进行监督。定期开展校长述职评议,由党委组织部门牵头,教职工代表、学生代表等参与,对校长的思想政治教育工作进行全面评价,提出意见建议,促进校长规范用权、廉洁从政。

推动各级党组织主体责任落实。加强学校基层党组织建设,选优配强党支部书记与支委班子。开展党支部标准化、规范化建设工程,明确党支部在党员教育管理、组织生活开展、思想政治工作等方面的职责与任务。例如,实施"党支部书记能力提升计划",通过专题培训、经验交流、实践锻炼等方式,提高党支部书记的政治素质与业务能力;制定党支部组织生活规范,明确"三会一课"、主题党日活动的内容与形式要求,确保组织生活质量。各级党组织应将育人育才工作贯穿于党建工作全过程,发挥党组织在师德师风建设、学生思想政治教育中的引领作用。教师党支部开展"师德师风建设月"活动,组织教师学习教育法律法规、先进师德典型事迹,签订师德承诺书,引导教师以德立身、以德立学、以德施教;学生党支部深入学生班级、宿舍,开展学业帮扶、心理疏导、就业指导等活动,促进学生全面成长成才。例如,学生党支部组织党员成立"学业帮扶小组",为学习困难的学生提供一对一辅导,帮助其提高学习成绩;开展"心理健康直通车"活动,党员与有心理问题的学生结对子,定期交流谈心,陪伴其渡过心理难关。

强化党建引领,明确组织育人目标。将组织育人纳入基层党建工作整体规划,明确各党支部在不同阶段的育人目标与任务。例如,学生党支部每年制订"党员先锋成长计划",要求党员在学业帮扶、社会实践、志愿服务等方面设定具体目标,并将其与个人党性修养提升相结合,通过党员的示范引领作用带动全体学生成长进步。各党支部紧密围绕学校的教学、科研、管理等中心工作开展组织育人活动。在教学工作中,党支部组织教师党员开展教学研讨活动,探索如何将思想政治教育元素有效融入专业课程教学,打造一批具有示范效应的课程思政示范课。在科研工作方面,鼓励教师党员带领学生参与科研项目,通过科研实践培养学生的创新精神和科学素养,同时在科研团队中注重弘扬科学家精神和团队合作精神,营造良好的科研育人氛围。在管理工作中,行政党支部组织党员优化管理流程,提高服务质量,为师生创造良好的学习、工作环境,以管理育人促进学校整体育人水平的提升。

第五章　新时代高校思想政治教育"三全育人"的优化路径

夯实组织基础,健全组织育人体系。按照学科专业、教学科研团队、学生年级班级等合理设置党支部,便于开展有针对性的组织育人活动。例如,在专业内部设置教师党支部,有利于教师党员在专业教学与科研领域发挥引领作用,促进学科专业建设与人才培养的协同发展;在学生公寓设置学生党支部,能够将思想政治教育延伸到学生生活的各个角落,及时了解学生的思想动态和生活需求,开展丰富多彩的社区文化活动和思想政治教育活动,营造良好的宿舍文化氛围。选优配强党支部书记和支委班子成员,定期开展党支部书记培训和支委培训,提高他们的思想政治素质、业务能力和组织协调能力。党支部书记要切实履行第一责任人职责,带领支委班子制订并实施党支部组织育人工作计划,组织开展形式多样的主题党日活动、组织生活会、民主评议党员等活动,充分发挥党支部的战斗堡垒作用和党员的先锋模范作用。同时,建立党支部工作考核评价机制,将组织育人成效作为党支部考核的重要指标,激励党支部积极创新工作方式方法,提高组织育人质量。

创新活动载体,增强组织育人实效。结合重大节日、纪念日和重要历史事件,开展主题鲜明、形式多样的主题教育活动。例如,在清明节组织师生党员祭扫烈士陵园,开展爱国主义教育和革命传统教育;在"七一"建党节前夕,举办"党的光辉历程"主题演讲比赛、党史知识竞赛等活动,增强党员的党性修养和对党的历史的了解;在国庆节期间,开展"我和我的祖国"主题系列活动,包括主题征文、摄影展、文艺演出等,激发师生的爱国热情和民族自豪感。通过这些主题教育活动,引导师生树立正确的世界观、人生观、价值观,增强对中国特色社会主义的道路自信、理论自信、制度自信、文化自信。各党支部积极组织师生党员参与社会实践、志愿服务、实习实训等实践育人活动。教师党支部可以组织党员教师带领学生深入企业、农村、社区等基层一线开展调研实践活动,了解社会需求,增强学生的社会责任感和实践能力。学生党支部可以组织学生党员参与社区志愿服务活动,如关爱孤寡老人、义务支教、环保宣传等,在服务社会的过程中践行党的宗旨,提高自身综合素质。同时,学校建立实践育人基地,为师生党员开展实践活动提供平台支持,加强实践活动的组织管理和考核评价,确保实践育人活动取得实效。

完善考核评价,保障组织育人质量。制定科学合理的党员考核指标体系,将党员在组织育人工作中的表现纳入考核范围。考核内容包括党员参与党组织活动的积极性、在育人工作中的示范引领作用发挥情况、对师生群众的服务态度和服务质量等方面。例如,党员教师在课程思政教育教学中的表现、指导学生成长成才的成果,党员学生在学习、生活中发挥模范带头作用以及参与志愿服务活动的时长和成效等都作为考核的重要依据。通过党员自评、党员互评、群众评议和党组织评价相结合的方式,对党员进行全面考核评价,考核结果作为党员评先评优、职务晋升、党内表彰等的重要参考。建立基层党支部述职评议考核制度,定期开展党支部书记抓党建工作述职评议考核。党支部书记在述职报告中要重点汇报组织育人工作的开展情况、取得的成效、存在的问题及改进措施。学校党委组织部门和师生代表组成考核小组,对党支部的组织育人工作进行现场评议考核,将考核结果进行公示,并作为党支部评先评优、党建工作经费支持等的重要依据。通过党支部述职评议考核,推动党支部之间相互学习借鉴,形成"比学赶超"的良好氛围,不断提高基层党建组织育人工作水平。

参考文献

一、著作类：

1. 中共中央马克思恩格斯列宁斯大林著作编译局. 马克思恩格斯选集：第1-3卷. 北京：人民出版社，2012.

2. 中共中央马克思恩格斯列宁斯大林著作编译局. 马克思恩格斯全集：第24卷. 北京：人民出版社，1972.

3. 中共中央马克思恩格斯列宁斯大林著作编译局. 马克思恩格斯文集：第1-10卷. 北京：人民出版社，2009.

4. 中共中央马克思恩格斯列宁斯大林著作编译局. 列宁选集：第1-4卷. 北京：人民出版社，2012.

5. 中共中央马克思恩格斯列宁斯大林著作编译局. 列宁全集：第55卷. 北京：人民出版社，2017.

6. 毛泽东. 毛泽东选集：第1-4卷. 北京：人民出版社，1991.

7. 邓小平. 邓小平文选：第1-3卷. 北京：人民出版社，1993-1994.

8. 江泽民. 江泽民文选：第1-3卷. 北京：人民出版社，2006.

9. 胡锦涛. 胡锦涛文选：第1-3卷. 北京：人民出版社，2016.

10. 习近平. 习近平谈治国理政：第1-4卷. 北京：外文出版社，2014-2022.

11. 中共中央文献研究室. 十八大以来重要文献选编：下. 北京：中共中央文献出版社，2018.

12. 中共中央文献研究室.习近平关于科技创新论述摘编.北京:中央文献出版社,2016.

13. 岳修峰.普通高等学校"三全育人"研究.北京:社会科学文献出版社,2018.

14. 张雷声.思想政治理论课教学的新境界.北京:中国人民大学出版社,2018.

15. 郭凤志.高校思想政治理论课程建设研究.北京:北京师范大学出版社,2020.

16. 沈壮海.新编思想政治教育学原理.2版.北京:中国人民大学出版社,2023.

17. 冯建军.共和国教育70年:教育哲学卷.北京:北京师范大学出版社,2020.

18. 冯刚.思想政治教育学科40年发展研究报告.北京:中国人民大学出版社,2024.

19. 骆郁廷.新时代网络思想政治教育.北京:人民出版社,2024.

20. 王树荫.思想政治教育.北京:中国人民大学出版社,2023.

21. 李忠军,等.马克思恩格斯思想政治教育思想研究:全四卷.北京:高等教育出版社,2023.

22. 佘双好.思想政治教育学科创新发展研究.北京:中国人民大学出版社,2025.

23. 刘建军.思想政治教育基本理论研究.北京:中国人民大学出版社,2025.

24. 范益民.构建"三全育人"大思政格局的理论与实践.北京:中国经济出版社,2024.

25. 李静,盖青.三全育人融入高校思政教学路径研究.北京:中国书籍出版社,2024.

26. 白艳.新时代高校"三全育人"理论与实践研究.西安:西安电子科技大学出版社,2024.

27. 曹都国."三全育人"视域下高校思想政治工作多元协同的理论与实践探索.上海:复旦大学出版社,2021.

28. 张恩祥,范宝祥.潜心育人:"三全育人"的理论与实践探讨.北京:中国政法大学出版社,2022.

29. 赵倩,黄艳芳."三全育人"引领下高校思想政治教育改革与创新路径.南京:南京出版社,2024.

30. 黄婷婷.新时代高校"三全育人"理论与实践.长春:吉林大学出版社,2023.

二、期刊论文类:

1. 欧阳月明,程样国.多重视角理解把握新时代的科学内涵和本质特征.甘肃社会科学,2020(5)91-95.

2. 陈理.深刻理解新时代的依据、内涵和意义.党的文献,2019(3)3-15.

3. 邱乘光.深刻理解和把握新时代党的建设总要求.学习论坛,2018(7)32-41.

4. 陈晋.不断推进和拓展中国式现代化.学习月刊,2023(3)7-9.

5. 李建平,叶静.中国式现代化的特征、路径和优势.当代经济研究,2022(1)10-14.

6. 吴建清.从多视角深化马克思主义中国化研究.学校党建与思想教育,2015(17)75-76.

7. 张晖.以教学理念的革新助推思想政治理论课教学质量不断提升:习近平总书记"3·18"重要讲话一周年学习体会.北京教育(德育),2020(3)57-59.

8. 何伟昌.深刻理解把握党百年奋斗的历史经验.实事求是,2022(5)35-43.

9. 阎树群.中国共产党与马克思主义中国化的百年探索.陕西师范大学学报(哲学社会科学版),2021(1)63-75.

10. 武星亮.关于思想政治理论课教学方法的思考.高校马克思主义理论研究,2019(3)129-133.

11. 孙少艾.改革开放以来高校思想政治教育发展历程和启示.中国电力教育,2010(32)126-128.

12. 肖龙井,张志刚.改革开放以来大学生思想政治教育的发展历程与启示.河北青年管理干部学院学报,2009(1)51-55.

13. 佘双好,汤婉丽.党的十八大以来思想政治教育成就述评.思想政治工作研究,2022(8)39-41.

14. 张博,王海亮.高校思想政治教育中文化自信的生成逻辑与培育路径.黑龙江高教研究,2022(12)28-32.

15. 刘社欣,古晓兰.论思想政治教育的理念更新与方法创新.马克思主义与现实,2017(5)22-28.

16. 范宝舟,赵蔚.论思想政治教育与立德树人的辩证关系.思想理论教育,2021(6)50-56.

17. 程燕屏.立德树人教育思想论析.齐齐哈尔大学学报(哲学社会科学版),2014(3)162-164.

18. 王树荫,王君.党的十八大以来思想政治工作的历史性成就.思想理论教育,2022(9)4-11.

19. 栾春苹.高校"三全育人"的结构与实施路径.党政干部学刊,2023(9)53-59.

20. 陈鑫.新时代高校思想政治教育内涵式发展的若干思考.大学,2021(10)145-146.

21. 吴薇.对信息时代如何构建"思政课程"与"课程思政"协同育人新机制的思考.中国管理信息化,2019(11)210-212.

22. 苗玉宁.高校课程思政实施的政策理路、现实困境与实践进路.教育理论与实践,2024(33)43-47.

23. 刘建峰.新媒体时代高校网络思政育人的挑战与对策研究.新闻研究导刊,2024(19)222-226.

24. 郝立新.马克思主义发展的新境界.人民论坛,2017(S2)34-35.

25. 徐丽燕.高校思想政治理论课教学话语生成的特性.高教论坛,2019(4)76-79.

26. 黄蓉生,唐登然.论高校坚持"党管意识形态"的必然遵循.国家教育行政学院学报,2018(1)14-20.

27. 陈锡喜,张濛.推动高校思想政治理论课建设内涵式发展的要义和路径.思想理论教育,2019(11)65-71.

28. 陈睿.高校思想政治理论课改革创新的三重维度.中共山西省委党校学报,2021(1)112-115.

29. 刘佳.习近平关于"办好人民满意的教育"重要论述探析.思想理论教育导刊,2024(3)137-145.

30. 陈兵,熊晶.新时代"立德树人、三全育人"提出的历史逻辑.黑龙江教育(高教研究与评估),2024(11)25-28.

三、学位论文类：

1. 王爱莲. 高校思想政治理论课内涵式发展研究. 长春：东北师范大学，2020.

2. 蔡萌. 习近平关于思想政治教育重要论述研究. 重庆：重庆交通大学，2024.

3. 贺宇. 革命文化融入新时代高校思想政治理论课路径研究. 兰州：兰州交通大学，2023.

4. 李沐曦. 新时代高校"三全育人"理论与实践研究. 长春：吉林大学，2022.

5. 董蕾. 改革开放以来高校思想政治教育的发展历程与思考. 长春：吉林大学，2006.

6. 翟宇. 改革开放三十年大学生思想政治教育目标定位研究. 南京：南京农业大学，2009.

7. 廖如春. 西方意识形态网络渗透对大学生政治价值观影响研究. 福州：福建师范大学，2021.

8. 翁鑫. "立德树人"的理论基础和实践诉求研究. 杭州：中国计量大学，2022.

9. 朱晓蕊. 立德树人教育思想的理论内涵与实践向度. 湘潭：湖南科技大学，2022.

10. 武娜娜. 高校思想政治教育"三全育人"研究. 石家庄：河北师范大学，2020.

11. 韩一凡. 新时代"双一流"大学"三全育人"综合改革路径研究. 郑州：河南工业大学，2023.

12. 朱紫罗. 新时代高校"三全育人"机制优化研究. 长沙：湖南大学，2022.

13. 郝亚杰. 习近平关于办好人民满意的教育的重要论述研究. 西安：西安科技大学，2022.

14. 臧琰琰. 学校立德树人的长效机制研究. 济南：山东师范大学，2024.

15. 李娟. 高校思想政治理论课落实立德树人根本任务的路径研究. 大理：大理大学，2024.

16. 刘洪波. 新时期大学生思想政治教育内涵式发展研究. 武汉：武汉大学，2017.

17. 曹小敏. 新时代高校思想政治理论课实践教学改进创新研究. 延安：延安

大学,2024.

 18. 梁东亮. 习近平关于高校思想政治教育的重要论述研究. 西安:西安科技大学,2022.

 19. 吴晏辰. 列宁灌输理论及其当代价值研究. 长春:长春工业大学,2023.

 20. 孙在丽. 新时代我国普通高等学校思想政治理论课教师队伍建设研究. 北京:中共中央党校,2019.